감정조절이 필요한 순간

감정조절이 필요한 순간
단단한 마음으로 행복하게 사는 법

서정선 지음

EMOTION
REGULATION

다른
상상

감정은 나를 흔들지 못한다

눈을 뗄 수 없을 만큼 재미있는 공부를 만난 적이 있는가? 나는 대학에서 심리학을 만나 처음으로 재미라는 것을 알아갔다. 그렇게 시작된 심리학과의 인연으로 나는 상담사라는 직업을 얻었고, 심리학과 상담은 지금 내 정체성의 상당 부분을 차지하고 있다. 심리학이 단순한 학문적 재미를 넘어서 나를 먹이고 살린 데는 그만한 이유가 있다. 나는 학부를 졸업하고 곧장 사회인이 되고 싶지는 않았다.

세상에는 내가 해볼 만한 다양한 일들이 존재했기에 경험의 폭도 넓히고 멀리 배낭여행도 다녀오고 싶어 1년간 휴학계를 냈다. 휴학을 하고 순조롭게 계획이 진행되던 어느 날 아버지가 돌아가셨다. 아버지는 암 선고를 받은 지 한 달 만에 세상과 급하게 작별하셨다. 호랑이 같은 엄한 기품을 지녔던 아버지는 너무 허망하게 먼 길을 떠나셨다. 아버지는 그다지 가정에 충실한 분은 아니었다. 아버지는 가족에 소홀한 대신 자신이 사랑한 다른 것들에 더 많은 시간과 공을 들이며 사신 분이다. 이제 좀 가족들 곁으로 돌아와 살 만해졌다 싶었는데, 그 곁을 그리 짧게 내어주고 가셨다. 이후 나는 아버지에 대한 그리움과 원망, 미움에 덜미를 잡힌 채 오랫동안 괴로워했다. 나는 어디에 어떤 모습으로 있든 매일 아버지가 망쳐놓은 것 같은 내 인생을 한탄하는 마음으로 마주했다. 그때 내 곁을 함께해준 친구들과 심리학이 아니었다면 나는 그 시기를 결코 지나오지 못했을지도 모른다. 심리학 속에서 나의 처절한 마음을 만날 수 있었고, 위로할 수 있었으며, 나아갈 길을 찾을 수 있었다. 심리학의 안내와 주변 사람들로부터 받은 도움, 그리고 세상의 응원 덕분에 나는 아픔 속에서도 한 걸음 한 걸음 앞을 향해 내디딜 수 있었다. 그렇게 내가 구한 도움처럼, 나도 누군가에게 그런 사람이 될 수 있기를 바랐다.

18년간 상담사로 살아오면서 많은 내담자를 만났다. 그러느라 나는 때로 소진되었고, 때론 내담자들에게 힘을 얻고 배우며 성장하고 있다. 여전히 나의 성장과 자기계발은 진행 중이다. 내가 나의 정신을 다지면서, 힘이 되어주고픈 내담자들에게 그 숨결을 전하는 마음으로 이 책을 썼다. 그들에게도 치유의 따스한 바람이 전해지길 바라는 마음으로 말이다.

바다를 가본 사람은 알 것이다. 바닷가 모래사장에서 끊임없이 밀려오는 파도는 사람도, 조개도, 모래알도 다 집어삼킨다는 것을. 파도는 모든 것을 물거품으로 만들며 부서지고 사라진다. 파도는 그렇게 밀려와서 부서지고 사라지면서, 또다시 그다음 파도를 보내온다. 마치 부서지는 것이 파도의 일이라는 듯이 말이다. 끊임없이 부서지고 사라지는 파도를 보고 있으면, 왠지 모르게 마음이 고요해진다. 내가 부서지지 않고, 파도가 부서지니 참 다행이라는 마음도 올라온다. 그 생각에 잠시 머물라치면 다시 파도는 제 일을 모래 위에 부지런히 하고 간다. 파도가 하는 일은 이렇게 부서지는 일이다. 파도를 보며 '우리 마음이 파도와 같다면' 하고 생각할 때가 있다. 내가 이겨 내지 못할 것 같은 감정도 하얀 물보라를 일으켰다가 파도처럼 사라지면 얼마나 좋을까 하고.

마음에도 하루가 멀다 하고 분노의 파도, 슬픔의 파도, 고단함의 파도, 열등감의 파도가 밀려온다. 하나가 지나가면, 또다시 비슷한 모양의 파도가 거센 기세로 연거푸 마음을 찰싹 때리고 상처를 내고 지나간다. 지금 이 글을 읽고 있는 당신도 어쩌면 우울, 불안, 외로움, 절망 등의 감정으로 괴로울지 모르겠다.

끝없이 밀려오고 반복되는 인생의 파도가 우리의 마음을 출렁이게 하고 부숴놓는다. 그러곤 사라진다. 그래도 사라질 수 있다는 것엔 희망이 있다. 고통은 늘 같은 크기와 무게로 찾아오지 않는다. 잔잔하게 적셔지는 날도 있겠지만, 거세게 곤두박질치는 날도 있다. 파도의 일이 부서지는 것이라면, 우리 마음이 하는 일은 보내주는 일일 것이다. 어제도 밀고 들어왔고, 오늘도 밀려오고, 내일도 들이닥칠 마음의 파도들을 보내주는 일. 어차피 거품으로 사라질 것이므로, 오늘도 그 파도를 보내주는 일. 그것만이 오늘의 당신이 할 수 있는 일이다. 그런 우리의 마음에 위로를 보내보자. 오늘도 부서지고 보내주느라 수고했다고.

살면서 우리는 숱하게 감정조절이 필요한 순간을 만난다. 불쑥 올라오는 감정이 한바탕 회오리치듯 마음을 휘저을 때는 그 속에서 헤어나지 못할 것처럼 느껴지기도 한다. 나는 내 삶에서 만나는 어려움 앞에서 자주 파도를 떠올리곤 했다. 이 책을 마주하는 당신도 잠시 파도를 상상하며 번잡한 감정의 소용돌이에서 빠져나와 평온을 찾아보면 어떨까. 삶이라는 바다가 내게 계속해서 거친 파도를 보내온다면, 기꺼이 이 파도와 함께 부서졌다가도 다시 일어설 단단한 마음의 중심을 이 책을 통해 잡아가길 바란다.

차 례

1부

내 마음을 가만히 들여다보기

재미있는 역설은
자신을 있는 그대로 받아들일 때
변할 수 있다는 것이다.

−칼 로저스

1부

내 마음을 가만히 들여다보기

더 나은 삶을 위해 필요한 것
_____
감정조절

누구나 살면서 한 번쯤은 북받치는 감정에 휩싸여 이성을 잃어버린 경험이 있을 것이다. 감정은 어느샌가 쑥 하고 들어와서 마음을 심란하게 만들어놓는다. 격한 감정에 속절없이 지배당한 사람은 감정이 썰물처럼 빠져나간 후에도 멍하니 정신을 차리지 못할 때가 있다. 이렇듯 감정의 출렁거림에 한번 거세게 휩쓸려본 사람은 감정에도 무언가 조절 장치가 필요하다는 것을 어렴풋이 깨닫는다.

감정조절이란, 내부에서 느껴지는 감정의 총량을 조절하고, 그것을 어떤 강도로 경험할지, 그리고 자신의 감정을 어떻게 표현해야 할지 등을 조절하는 것을 말한다.

사실 '감정'이라는 것은 이미 신체 감각에서부터 느껴질 때가 많다. 그래서 이미 경험된 감각을 조절한다는 것은 쉽지 않다. 예를 들어, 화가 날 때 이미 우리의 심장은 빨리 뛰기 시작하고, 숨이 가빠지고, 근육이 긴장하는 것과 같은 신체 반응이 나타난다. 우리의 뇌에 있는 편도체가, 합리적 사고를 담당하는 전전두피질이 지금 어떤 상황인지를 알아차리기도 전에 '투쟁 혹은 도피' 반응을 일으키기 때문이다. '분노'라는 감정을 인식하기도 전에 몸이 먼저 반응하는 것이다. 꽉 쥔 주먹을 느끼면서 자신이 분노하고 있다는 것을 알아차린다. 감정을 나타내는 영어 단어 'emotion'은 '밖'을 뜻하는 라틴어 어근 'ex'와 '움직이다'라는 뜻의 라틴어 'motore'가 합쳐져 생겨난 말이다. 어원에서도 알 수 있듯이 감정은 무언가를 움직이게 만든다. 즉, 행동하게 하는 기능이 있다.

종종 느끼는 슬픈 감정을 예로 들어보자. 우리는 중요한 무언가를 잃어버렸을 때 그것이 관계이든, 물질이든, 사람이든 간에 슬픔을 느끼곤 한다. 슬픔은 사람들을 끌어모으는 감정이다. 상실을 경험하고 슬픔에 빠진 사람을 우리는 쉽게 지나치지 못한다. 슬픔에 잠긴 사람에게 위로를 보내고 보살피는 마음이 슬픔에 이끌려 나온다. 슬픔은 그렇게 우리를 보살펴줄 수 있는 신뢰 있는 사람들과 가까워지게 한다. 순수하고 진정한 슬픔은 상실로 인한 상처를 회복할 수 있도록 도와준다.

분노의 감정은 어떨까. 우리는 자신에게 해가 되는 일을 당했을 때, 무언가에 대항하고 맞서야 할 때, 우리의 존엄이 위협받을 때 분노의 감정을 느낀다. 분노는 근육의 긴장도를 높이고, 심장을 빨리 뛰게 하여 싸우거나 대항할 준비를 시킨다. '지금은 이렇게 가만히 있을 때가 아니야'라고 내부에 신호를 보내는 것이다. 목소리를 좀 더 내라고 부추긴다. 정당한 권리를 찾으라고 말한다. 그렇게 해서 찌꺼기가 끼지 않은 순수한 분노의 감정은 우리가 위협에 맞서 자신을 지킬 수 있게 한다.

'찌꺼기가 낀다'는 의미는 감정에 또 다른 감정이 덧붙는 것이다. 남보다 우위에 서기 위해서, 누군가를 위협하는 도구로, 권력이나 힘을 느끼기 위해 사용되는 분노는 찌꺼기가 잔뜩 낀 불순한 분노라 할 수 있다. 그런 분노에는 다른 사람들이 공감해주기 힘들다. 하지만 누군가의 기본적인 존엄이 짓밟히는 상황에서 느끼는 순수한 분노는 자신의 존재를 지키는 정당한 무기가 된다.

불안은 미래에 닥쳐올 위험한 상황에 대비할 수 있도록 우리를 준비시킨다. 예컨대 시험을 앞두고 불안을 느끼는 것은 당연하다. 아직 들여다보지 못한 많은 양의 노트가 불안을 자극한다. 불안을 떨치려면 공부를 시작하고 계획대로 마무리해야 한다. 하고자 하는 일을 어느 정도 마무리하고 준비가 잘되었다고 느끼면 불안도 잠잠해진다.

감정은 그렇게 마음에 신호를 보내 무언가 하도록 우리를 이끈다. 그래서 우리는 늘 감정에 귀를 기울여야 한다. 감정이 나에게 무엇을 말하려고 하는지를 잘 들여다보면 내 안에 무엇이 잘못 돌아가고 있는지 알 수 있다. 반대로 무엇이 괜찮은지도 알려준다.

하지만 각각의 감정이 때로는 필요 이상의 행동을 부추기거나, 감정 그 자체가 또 다른 감정을 만들어낼 때도 있다. 예를 들어 친구가 가벼운 거짓말을 했다고 치자. 화가 날 수는 있지만, 친구의 잘못에 비해 화를 지나치게 내거나 필요 없는 배신감에 몸서리칠 수도 있다. 또는 자신을 괴롭히던 직장 상사와 거리를 두면서 잘 대응했는데도 괜히 혼자 불안해져서 적정한 거리를 유지하지 못하는 때도 있다. 잔소리를 하는 엄마에게 버럭 화를 내고는 죄책감에 시달리기도 한다.

우리는 거의 매 순간 감정을 경험하며, 의식하지 못하는 사이에 감정을 조절해가고 있다. 그런데 가끔은 감정을 조절하기 힘들 때가 있다. 어떤 사람들은 남들보다 감정조절을 좀 더 힘들어하기도 한다.

감정조절을 이해하려면 먼저 '감정적 자기'에 대해 알아야 한다. 우리에겐 '자기self'라는 안정적인 부분이 있다. '자기'는 우리의 몸과 마음, 뇌 사이의 조화로운 상호작용을 통해서 만들어진다. '자기'는 여러 차원으로 설명할 수 있는데, 크게 신체적 자기, 감정적 자기, 표상적 자기 등 세 가지로 나누어볼 수 있다.

정서와 신체의 관계를 깊이 연구한 신경과학자 안토니오 다마지오Antonio Damasio는 우리가 경험하는 슬픔, 외로움, 기쁨 같은 느끼는 것(감정)들이 마음의 바탕을 이룬다고 말한다. 우리가 경험하는 감정, 즉 느끼는 것들이 마음을 이루는 바탕이 된다는 것이다. 마음이라고 부르는 곳의 상당 부분은 이처럼 다양한 감정으로 채워져 있다. 마음 안에서 소용돌이치는 감정을 어떻게 잘 조절하느냐가 바로 '자기'의 핵심이다.

감정조절에 늘 어려움을 겪는 불안정한 패턴을 보이면, 자기도 안정되지 못한다. 그래서 감정조절을 잘하지 못해 오랜 기간 힘들어한 분들 중에는 자기 자신과의 관계도 좋지 못한 경우가 많다. 감정은 자신이 놓인 상황에 대한 직관적인 평가이다. 우리는 직관적으로 어떤 경험에 대해서 '좋다' 혹은 '나쁘다'라고 평가한다. 또한 이런 과정은 내장(몸속 장기) 차원에서 일어난다. 감정은 몸과 연결되어 있어 보통 몸을 통해 표현될 때가 많다. 때로는 생각보다 앞서서 몸이 먼저 감정을 알려주기도 한다. 예를 들어 손이 떨리고 심장이 마구 뛰기 때문에 몹시 긴장하고 있다고 자각하기도 한다.

감정은 우리가 하는 경험에 의미를 부여하고, 어떻게 살아갈지를 선택할 수 있도록 내적 나침반 역할을 한다. 따라서 감정조절은 자기를 발달시켜 나가는 데 매우 중요한 부분인데, 정서를 조절하는 방법은 일차적으로 애착 관계 속에서 터득된다. 애착은 부모나 가까운 인물과의 관계에서 느껴지는 친밀한 정서적 유대를 말한다. 영아기 때 형성되는 애착은 아이가 성장하는 동안 인지, 정서, 사회성 발달에 영향을 미친다.

일반적으로 사람들은 애착을 느끼는 대상과는 더 가까이 있으려는 특징이 있다. 아이들이 엄마에게서 떨어지지 않으려 하고, 애착 인형을 늘 가지고 다니려는 것처럼. 하지만 애착은 단순히 가까이 있다고만 해서 안정적으로 형성되지는 않는다. 부모님이 함께 있지만, 안정감을 주지 못한다면 아이는 안정적인 애착을 맺기 어렵다. 즉, 애착을 형성하는 데는 감정이 중요하고, 특히 '안정감의 느낌'이 무엇보다 중요하다.

안정감의 느낌이란

엄마(애착 대상)와 함께 있으면
안정을 경험하는 것.

감정이 요동치고, 뒤죽박죽 되고,
너무 뜨겁고 격렬해서 겁이 날지라도
강렬하게 날뛰는 파괴적이고,
끝나지 않을 것 같던 감정도

애착 대상과의 관계 속에서,
함께 느껴지고,
소통되고,
이해되는 과정을 거치면서,

잔잔한 강물처럼 평온하게
흘러갈 수 있다는 것을
몸과 마음으로 아는 것.

애착 관계 속에서 소통과 이해, 수용으로 나아가는 안정감의 느낌을 경험하면서, 우리는 감정을 조절해가는 법을 배운다. 생애 초반에 맺은 애착 관계는 그 이후의 삶에서 우리가 다른 사람들과 어떤 방식으로 관계 맺기를 할지 보여주는 거울인 셈이다. 또한 관계 속에서 정서를 조절해가는 방식은 우리가 타인과의 관계에서 어떤 방식으로 행동하고, 감정적으로 느끼고, 생각할지를 결정한다. 이처럼 감정조절 패턴을 통해 자신의 관계 패턴을 세심히 살펴보자. 더 나아가 '감정적 자기'의 발달에 영향을 준 경험들을 탐색하면서 자기에 대해 이해해본다.

낯선 사람 앞에서 자기도 모르게 냉소적인 태도가 나오는 사람이라면, 자신의 냉소적 태도가 어떻게 형성되었는지 살펴보면 도움이 된다.

가까운 사람 중에 나를 냉소적으로 대하는 사람이 있는가?

거리를 두는 것이 안전하다고 느껴지는 상황이나 사람이 있는가?

그를 볼 때 어떤 감정이 올라오는가?

어떤 이유로 난 그런 감정을 느끼게 되었을까?

자신만이 가진 감정적 자기의 역사를 꺼내보는 것이다. 왜 내가 냉소적 표정과 말투를 가지게 되었는지, 나는 그 사람과 관계에서 무엇을 진정으로 바라는지, 냉소적인 모습이 아닐 때는 어떤 일이 생기는지…… 감정적 자기를 만나고 이해하는 과정이 바로 감정조절로 이어지는 길을 터준다. 이렇게 자신의 감정을 느끼고, 소통하고, 이해하는 과정을 거치다 보면 감정조절을 해나갈 수 있다. 그동안 이해하지 못했던 자신의 행동, 감정적 반응을 이해하면서 감정을 더 잘 조절하게 되는 것이다.

　처음에는 감정조절이 잘되지 않아도 반복해서 연습하고 시행착오를 거치면 점차 효과적인 감정조절 패턴을 알아차리게 되고 자리를 잡는다. 꽤 오랜 기간 불안정하고 비효과적인 패턴이 자신의 생활 양식으로 굳어져 있다면 새로운 패턴으로 변화하는 데 시간이 오래 걸릴 수 있다. 하지만 반복하며 새로운 감정조절 패턴을 다져가는 시간과 과정 자체가 의미 있는 일이다. 우울함, 분노, 슬픔, 불안 등 하루에도 수시로 바뀌는 감정을 잘 조절해야 내 삶을 좋은 방향으로 이끌 수 있기 때문이다.

* 참고: David J. Wallin, 『애착과 심리치료』, 김진숙 외 옮김, 학지사, 2010.

언제까지 후회로 힘들어야 할까
—————
후회

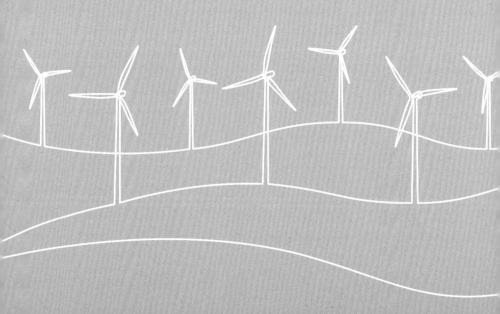

"어제 남자친구한테 그렇게 말하는 게 아니었는데…… 너무 내 감정에 치우쳐 징징거렸나 봐."

　"하루만 눈 딱 감고 공부할걸. 그걸 못 참아서…… 어휴."

"조금만 더 있다가 살걸, 할인가가 이렇게 빨리 뜰 줄이야."

　우리는 크고 작은 후회를 끊임없이 하면서 산다. 이런 종류의 후회스러운 생각에 뒷덜미를 잡힌 적이 있는가. 아마 '아니요'라고 단언할 수 있는 사람은 몇 되지 않을 것이다.

　나 또한 종종 후회하는 말을 혼잣말처럼 내뱉곤 한다. 하지만 후회되는 행동을 했던 그 순간으로 다시 돌아간다면, 정말 후회하지 않을 '그 바람직한 행동'을 했을까 하고 되묻는다면 선뜻 고개가 끄덕여지진 않는다. 왜일까?

우리는 방금 어떤 행동에 대해 후회막심이라고 중얼거리면서도, 정작 다시 같은 장소나 상황에 부닥친다면 또다시 같은 행동을 반복할 가능성이 크다. 그때 그 상황으로 돌아갔을 때 똑같이 행동할 것 같다는 생각이 60퍼센트 이상이라면, 당신은 후회할 일을 한 것이 아니다. 그 상황에서 당신의 뇌와 마음은 가장 최선의 결정을 한 것이라는 뜻이다.

물론 다른 선택을 할 수도 있었다. 그래서 다른 결과를 맞이하게 되었을 수도 있다. 언제나 가지 않은 길에 대한 미련이나 안타까움은 있게 마련이니까. 당신이 후회라는 감정을 느끼는 것은 아마도 결과를 알게 되었기 때문일 수 있다. 알 수 없는 미래의 일을 가지고 과거로 거슬러 올라가 후회를 하지는 않는다. 하지만 중요한 점은 후회스러운 결정 뒤에 오는 못마땅한 결과에 주목하기보다는 선택과 결정에 이르기까지의 배경을 자세히 살펴봐야 한다는 것이다. 비록 지금은 그 결정이 합리적으로 보이지 않더라도 당시엔 그 결정이 최선이었던 바로 그 이유를 생각해볼 필요가 있다.

인간의 사고는 생각보다 비합리적일 때가 꽤 많다. 합리적인 선택과 결정이라는 말은 그럴듯해 보이지만, 실제로 많은 사람이 합리적인 결정보다 비합리적인 결정에 자신을 맡겨놓을 때가 더 많다. 2002년 노벨 경제학상을 수상하고 심리학과 경제학을 아우르는 지적 통찰을 보여준 대니얼 카너먼Daniel Kahneman은 인간의 의사결정이 늘 합리적이지는 않으며, 특히 일상생활에서 결과가 불확실한 상황을 맞닥뜨릴 때 사람들이 확률적·경제적 계산에 따라서만 선택과 결정을 하는 것이 아니라고 보았다. 대니얼 카너먼은 '전망 이론'을 통해 우리가 일상적으로 선택과 결정을 내릴 때 주관적인 가치 판단, 기분과 같은 심리 상태, 상대적 가치 같은 요소에 더 크게 영향을 받는다는 것을 보여주었다.

만약 당신이 감정에 지나치게 휘둘리거나 충동성이 강한 사람이라면, 결정이 합리적이었는지를 따져 묻는 것이 큰 도움이 된다. 충동성이 높은 사람들은 '돌아보기'나 '예상하기' 같은 신중함의 스위치가 활성화되어 있지 않을 수 있다. 그러다 보니 성찰과 예상하기가 안 되는 상황에서는 불만스러운 결과를 초래하기 쉬운 것이 사실이다.

반면에 돌다리도 여러 번 두드려야 속이 후련하고, 손해 보는 것을 싫어하고, 늘 조심스럽게 행동하는 사람이라면, 선택과 결정에 자신의 어떤 마음이 투영되었는지, 다른 선택을 하지 않은 이유가 무엇이었는지를 살펴보면 어떨까. 당신에게는 분명 그럴 만한 이유가 있었을 것이다.

호정 씨는 최근에 중요한 결정을 내렸다. 2년간 준비해온 임용고시를 결국 포기하기로 마음먹었다. 그러곤 아이들을 가르치는 학원에 강사로 취업했다. 처음에는 해방감에 마음이 들떴다. 워낙 오랜 시간 무직의 상태로 있으면서 궁핍한 느낌에 시달렸고, 친구들도 자유롭게 만나지 못했던지라 자유로움을 만끽했다. 스터디카페에 출근 도장을 찍느라 멀리할 수밖에 없었던 술자리에도 다시 나갔고, 오랜만에 친구들과 즐겁게 어울리며 놀았다.

조금씩 마음속에 있던 울분이 해소되는 듯했다. 오랜 기간 공부에만 매진하다 보니 이제는 모임에 입고 나갈 만한 마땅한 옷도, 가방도 없었던 터라, 강사일을 하며 벌어들인 첫 달 수입의 대부분은 예쁜 옷과 가방, 액세서리를 사는 데 썼다. 옷장에 새 옷과 가방이 들어앉아 있는 것을 볼 때마다 내가 번 돈으로 장만했다는 뿌듯함에 절로 얼굴에 미소가 떠올랐다. 특히나 부모님께 생활비를 보태드릴 수 있게 된 것은 여간 뿌듯한 일이 아니었다. 대학 졸업 후 2년간 용돈과 학원비를 타서 쓰는 게 늘 신경 쓰이고 죄송스러웠다.

임용고시를 접기로 마음먹고 6개월 정도는 정말 옳은 결정이었다고 생각했다. 학원에서 가르치는 아이들은 가끔 속을 썩이는 경우가 있었지만 사랑스러운 얼굴들이었다. 아이들에게서 "선생님이 가르쳐준 대로 했더니 성적이 올랐어요!"라는 말을 들을 때는 일명 '일타강사'를 꿈꿀 정도였으니. 선생님이 좋다며 허리에 손을 두르고 꼭 껴안는 아이들을 보면 가슴이 뭉클해졌다. '이렇게 나도 선생님이 되어가는구나!' 하고 따뜻한 마음을 느낄 수 있었다.

그렇게 6개월의 시간이 흐른 어느 날 호정 씨의 마음에서 뭔지 모를 불편한 감정이 올라왔다. 같은 대학 동기생들이 선생님으로 임용되어 학원이 아닌, 공립학교에서 교사로 살아가는 이야기를 듣는 날이 많아졌다. 호정 씨의 마음에는 그늘이 드리워지기 시작했다. '나도 조금만 더 버텨서 공부를 마무리할걸 그랬나?' 친구들은 공립학교 교사가 되었으니 어디 가서든 당당하게 "교사입니다"라고 말할 텐데…… 단 며칠의 고민으로 내린 결정이 2년간 공들였던 시간을 물거품으로 만든 것 같아 마음이 씁쓸했다. 시험을 그만두기로 한 결정을 너무 가볍게 한 건 아닐까, 갑자기 후회가 밀려오고 두렵기까지 했다. '스터디카페를 오가던 그 시간으로 다시 돌아갈까?' 하는 생각이 잠시 스치긴 했지만, 그렇다고 다시 고시 공부를 시작하기는 죽기보다 싫었다.

과연 호정 씨가 임용고시 공부를 그만하기로 가볍게 결정한 것일까? 사실 호정 씨가 품은 교사가 되겠다는 꿈은 오래된 것이었다. 그 꿈에서 가장 중요한 것은, 안정적인 직장도 아니고, 그럴듯한 명함도 아니었다. 초등학교 때 자신의 능력과 마음을 알아봐 준 선생님과 나눈 따뜻한 교류가 호정 씨를 교사의 길로 인도했다.

당시 그녀는 글쓰기에 재능이 있었지만, 책 한 권도 편히 구입할 수 없는 어려운 형편이었다. 선생님은 그런 호정 씨의 사정을 알고, 그녀에게 좋은 책을 권해주고, 학교 도서관에 함께 가서 책 고르는 법을 일러주셨다. 독후감을 쓴 날에는 독후감에 일일이 선생님의 소감도 덧붙여주셨다. 잘 썼는지에 대한 비평이 아닌, 그녀의 글에 대한 선생님의 솔직한 감상을 담아 적어주신 것이다.

선생님의 정성은 그녀의 마음에 오랫동안 희망의 불씨를 피웠고, 교사의 꿈을 꾸게 이끌었다. 호정 씨에게 교사가 된다는 건 아이들의 어깨를 토닥여주고 마음을 알아주고 별로 이

끌어주는 좋은 어른이 되는 것을 뜻했다. 하지만 애초에 그 꿈에 품었던 마음은 시간이 갈수록 희미해졌다. 교사라는 직업이 안정적이고 사회적으로 괜찮은 타이틀이라 선택했다는 몇몇 동기들의 논리에 물든 적도 있었다. 교사가 되고자 했던 호정 씨만의 깊은 마음의 씨앗은 감추어진 채로 그저 남들이 하는 경쟁에 몸을 맡기고 흘러가듯, 자격을 갖추는 일에만 급급해 임용시험을 준비하고 있었다.

호정 씨는 상담을 하면서 열두 살의 호정이를 처음으로 만났다. 어린 시절의 호정이가 만났던 선생님은 여전히 그녀의 마음에 살아 있었고, 말을 건네왔다.

"호정아, 너의 마음이 꽃필 수 있는 자리는 어느 곳에나 있단다. 너는 좋은 선생님이 될 자격이 있어. 선생님은 알 수가 있지. 국가가 인정해주는 자격이나 또 다른 사람들의 인정이 없어도 상관없어. 그것보다 더 중요한 것은 네가 어떤 마음을, 어떤 방식으로 펼치고 싶은가야. 네 마음이 꽃피울 자리를 다른 사람이 정해주길 바랄 필요가 있을까. 넌 어디서든 꽃을 피울 수 있는데 말이야."

호정 씨는 자신이 임용고시를 그만두기로 결심했던 그때를 다시 떠올렸다. 그녀에게는 임용고시를 포기할 이유가 여럿 있었다. 우선 어려운 집안 형편을 계속 모른 척할 수 없었다. 이미 부모님은 생계를 꾸려가기에 벅찬 상황이었다. 부모님께서 티를 내진 않았지만, 마냥 그녀의 합격을 기다려줄 수 있는 처지가 아니었다.

그녀는 장기간 준비하는 시험에 적합한 사람도 아니었다. 독서실에 매일 꼬박꼬박 출근 도장을 찍어가며 10시간 이상을 꼼짝없이 책만 붙들고 있는 것은 가혹하리만치 힘들었다. 고등학교 때 밤새워 공부해본 적도 없던 호정 씨였다. 아무도 만나지 않고 오롯이 혼자만의 시간을 버텨내야 하는 것이 지옥 같았다. 사람들과 만나는 것을 좋아하고, 소통을 그 무엇보다 소중하게 여기는 그녀에게는 너무 힘든 일이었다. 무엇보다 좀 더 빨리 아이들을 만나고 싶었다. 선생님으로서 하고 싶은 일에 대한 의욕이 독서실에서 잠자고 있는 것이 아까웠다. 결정적으로 수험생활의 마지막 서너 달은 특히나 견디기 힘들었다. 고질병인 피부병이 도져 심한 가려움과도 싸워야 했다. 극심한 스트레스로 스테로이드제에 늘 의지해야 했기에 몸도 점점 기력을 잃어갔다. 그런 상황에서 내린 호정 씨의 결정은 단순히 며칠 사이에 이뤄진 충동적인 것은 절대 아니었다.

자신의 결정이 한낱 불장난 같은 선택이 아니었다는 사실을 다시금 깨닫고, 교사가 되기로 한 꿈의 이유를 실타래처럼 풀어간 호정 씨는 이제 과거 자신이 내린 선택과 결정에 편안함을 느꼈다. 호정 씨는 임용고시 포기가 단순히 힘들어서 찾아낸 핑계나 도망치기가 아니라, '포기'라는 선택을 한 정당한 이유가 있다는 것을 다시금 떠올렸다. 그래서 후회보다는 지금의 선택을 믿고 앞으로 나아가기로 했다. 그녀의 결정은 소중한 씨앗이었다. 그 씨앗은 이미 열두 살 호정 씨의 마음에 심겨져 있던 것이다.

잘못된 행동, 특히나 누군가에게 뜻하지 않게 손해를 끼친 행동, 자신에게 분명한 해를 끼친 행동에는 후회하는 감정이 드는 것이 자연스럽다. 후회는 잘못된 혹은 치명적인 결과를 반복하지 않기 위해서 해야 하는 반성의 성격을 띤다. 우리가 잘못된 행동을 돌아볼 수 있고, 그 자리에서 지혜를 얻을 수 있다면 얼마나 좋을까. 그래서 실수도 실패도 우리에게 후회와 반성을 통해 다시 넘어진 곳에서 새로운 방식으로 일어설 힘을 주는 것이 아니겠는가.

하지만 당연히 그럴 만한 타당한 마음의 이유가 발견된다면 그 후회는 짧을수록 좋다. 후회보다는 그 선택과 결정의 의미를 차근히 되짚어보는 것으로 후회를 건강한 자기 돌봄으로 바꿀 수 있다. 결국 후회는 잘해보려 했던 마음과 실제의 행동이 삐끗 어긋난 지점을 되돌아보는 일이니 그 마음이면 충분하다. 이젠 후회에서 놓여나도 괜찮다. 후회할 시간에 후일을 도모해보자.

심리학에서는 이미 일어난 어떤 사건이나 행동에서 그럴 듯한 이유를 찾는 것을 '귀인歸因, attribution'이라고 말한다. 사람들은 다양한 방식으로 귀인을 하게 된다. 시험을 망친 이유를 찾을 때도 시험 문제가 어려웠기 때문이야, 혹은 감기에 걸려 몸 상태가 안 좋아서, 교양과목이니까 굳이 공부할 필요가 없어서, 내가 안 좋아하는 과목이라서…… 등등 다양한 이유가 튀어나올 수 있다. 그중에서도 사람마다 어떤 대목에 주목하는가는 조금씩 다르다. 무슨 일이 일어날 때마다 자기 자신의 결점이나 부족한 점에서 이유를 찾으려는 사람이 있는가 하면, 남 탓이나 상황 탓을 하며 자존심을 지키는 사람도 있다.

당신은 어떤 유형에 가까운가? 물론 사안에 따라, 자신의 마음 상태에 따라 이유 찾기는 달라질 수 있다. 만일 당신이 시도 때도 없이 자기 자신에게서, 자신의 못난 부분에서만 이유를 찾으려고 한다면 당신은 자존감을 지켜낼 수 있을까? 답은 '아니요'이다.

건강한 자기애自己愛를 가진 사람들은 상황을 좀 더 냉정하게 보려고 한다. "아쉬움은 크지만 그때 무리하게 시험공부를 끌고 가는 것보다는 충분히 노력했다고 느낀 지점에서 마무리하길 잘했어. 강사가 되어 아이들을 만나고 경제적 자립을 빠르게 할 수 있었던 건 잘한 일이야."라고 말할지도 모른다. 당신이 고민한 그 이유가 합당한지, 특히 자기 자신에게 충분히 인정될 만한 것인지를 살펴보자. 적당히 상황적 이유에 기대는 것도 자존감을 유지하는 데 도움이 된다. 그러니 무턱대고 자기 상처를 파먹듯이 이유를 파고들지는 말았으면 한다. 당신에게는 그럴 만한 이유가 있었을 테니까. 나만이 아는 '나의 이유'를 잘 이해해주고, 다독거리는 것이 먼저다. 그럴 때 우리는 오히려 더 냉정하게 자신의 행동을, 그 사건을 거리를 두고 객관적으로 바라볼 수 있다. 후회 대신 후일을 도모하기 위해서 말이다.

늘 선택 앞에서 머뭇거리는 당신에게

자책감

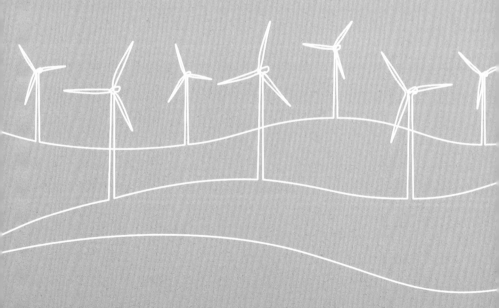

우리의 삶은 선택과 결정의 연속선상에 있다. 크고 작은 선택과 결정을 끊임없이 해야 한다. 아침에 눈을 뜨면서부터 무엇을 먹을지, 이 옷을 입을지, 저 옷을 입을지 선택한다. 식후에 커피를 마실지 차를 마실지 잠시 고민하고, 엄마가 하는 잔소리에 한마디 쏘아붙일지 잠자코 듣고 있을지 선택한다. 깜박이는 초록 불에 뛰어가야 할지 그냥 다음 신호를 기다릴지를 생각하며 걷는다.

조금 더 중요하고 묵직한 선택도 있다. 어느 학교로 진학할 것인지, 지금 직장을 그만둘지 계속 다닐지, 남자친구와 헤어질 것인지, 결혼을 할지 말지처럼 삶의 흐름을 바꿔놓을 만한 큰 인생 사건 앞에서는 더욱 선택과 결정이 어렵고 망설여지고 주저하는 마음이 든다.

선택과 결정을 했다고 해서 거기서 인생이 끝나지 않는다. 그 선택과 결정 이후의 삶은 멈추지 않고 계속해서 굴러간다. 때로 삶은 그 선택을 후회하게 만드는 방향으로 굴러가기도 하고, 선택에 대한 확신을 키우는 방향으로 굴러가기도 한다. 선택과 결정을 뿌듯하게 만들어주는 일이 계속해서 생겨난다면 우리에게 더는 그 선택과 결정을 뒤돌아볼 이유가 없을 것이다. 그러나 후회나 버거움, 뜻하지 않던 돌발상황에 부닥치면 우리는 선택했던 그 순간으로 회귀하려는 본능이 있다. 과연 올바른 선택이었는가를 끊임없이 곱씹으면서 선택과 결정을 되돌리고 싶은 마음이 굴뚝같아진다.

'그때 좀 더 진지하게 생각해볼걸.'

'이렇게 될 줄 내가 알았나.'

'예상은 했었지만, 이 정도로 힘들 줄은 몰랐는데.'

'돌이킬 수 없는데, 이제 와서 어떡하지.'

'어쨌든 내가 선택한 건데, 어쩌겠어. 누구한테 힘들다는 말도 못 하겠네.'

'누굴 탓하겠어. 내가 결정한 것을.'

후회와 미련이 남는 선택이었지만, 그래도 그 당시에는 분명 이러한 선택을 밀어붙인 이유가 있었을 것이다. 예를 들어 '지금 이 상황은 나에게 너무 해로우니 이 상황을 벗어나는 것이 무엇보다 중요해'라는 마음의 메시지가 울려왔을 수 있다. 또는 '이 선택도 저 선택도 다 장단점이 있지만, 이 선택이 아무래도 장기적으로 장점이 더 많으니까'라며 나름의 객관적이고 장기적인 분석을 통해 결론을 내린 것일 수도 있다. 물론 순간적인 기분에 따라 먼 미래를 고려하지 않고 선택했을 수도 있다. 하지만 본인이 한 선택과 결정이라는 점은 부인할 수 없는 사실이다.

문제는 바로 여기에서 출발한다. 남들이 강요한 것이 아닌, '내가 자진해서' 내린 결정이라는 데서 많은 사람이 그 결정으로 인해 닥치는 어려운 순간을 오롯이 혼자서 감당해야 한다고 생각한다. 어찌 보면 당연한 마음이다. 다른 사람에게 책임을 전가할 수도 없고, 스스로가 좋아서 택한 길이기 때문에 다른 사람에게 힘들다고 징징거려서는 안 된다는 논리를 자신에게 들이미는 것이다. 내가 선택한 일이니 책임의식을 갖는다는 것은 건강한 성인으로서 아주 바람직한 마음가짐임이 분명하다. 상황이 안 좋다고 타인에게 책임을 떠넘기는 것은 염치없는 행동일 테니 말이다.

하지만 우리는 선택과 결정에 따르는 미래의 모든 일을 완벽하게 예측할 수 없다. '아마도 ~할 것이다'라는 마음으로 미래를 예측하려고 하지만, 완전할 수 없다. 미래는 늘 불확실하다. 반대의 선택을 했더라도 미래를 알 수 없기는 마찬가지다. 애초에 어떤 선택이든 완벽할 수 없다는 뜻이다.

우리는 결과적으로 어떤 일이 일어났는가에 따라 과거의 선택에 의미를 부여한다. 결과가 좋으면 그때의 선택을 잘했다고 생각한다. 반대로 결과가 안 좋으면 그때 그런 선택을 하지 말았어야 했는데, 라고 생각한다. 미래에 어떤 결과가 있을지는 사실 아무도 모른다. 그런데도 마치 진작부터 이런 결과를 알고 있었던 것처럼 과거로 거슬러 올라가 선택의 적절성을 판가름하는 것이다.

사실 좋은 결정을 했더라도 우리는 충분히 힘들 수 있다. 중간중간에 그 선택이 옳은 것이었는지도 한 번씩 곱씹어보게 된다. 맞는 선택을 한 것인지, 그 결정을 계속 고수할 수 있을지 걱정도 된다. 한마디로 내적 갈등이 커진다. 나름대로 괜찮은 선택을 했더라도 일상의 자잘한 일들 속에서 어쩔 수 없이 마음이 부대끼는 것이다. 덜컥, 내가 너무 큰 결정을 쉽게 내린 건 아닌가 싶어 겁이 나기도 한다.

　이럴 때 그런 선택과 결정을 존중하고, 지켜나가려고 애쓰는 자신의 모습을 떠올려보자. 선택에 책임지기 위한 자신의 모습은 결과를 떠나서 그 사람을 성장시킨다. 결과적으로 원하는 것을 달성하지 못했다 하더라도 인내하는 법, 절제하는 법, 노력하는 법, 용기 내는 법, 실패를 받아들이는 법과 같은 살아가는 데 필요한 마음 단련을 한 것이다. 결코 '낭비되거나 소모된' 과정으로만 치부될 수 없는 값진 것들이다. 그냥 맨눈으로는 결코 볼 수 없는 땀방울이 결정의 과정 속에 녹아 있다는 사실을 스스로 인정해보자. 다른 사람의 인정은 필요하지 않다. 자신의 인정만으로도 충분하다. 선택 이후에 했던 자신의 노력, 의지, 행동은 오로지 자신의 것이니까.

☕ 민정 씨는 아이의 학교생활에 변화가 필요하다고 판단하여 전학하기로 했다. 아이도 기존의 학교생활에 막막함을 많이 느꼈다. 친구들은 좋지만, 학교에서 배우는 방식이나 교사와의 관계에 늘 불만이 있었다. 전학 후 아이는 학교생활에 대단히 만족스러워했다. 배움에 대한 즐거움을 알기 시작했고, 친구들과도 매일 즐겁게 생활했다. 그런 아이를 보며 민정

씨도 전학하길 잘했다고 생각했다. 학부모로서 학교에 품을 들여서 해야 하는 일들이 때론 조금 힘들기도 했지만, 열심히 참여하며 학교의 일원으로 부지런히 살아갔다.

그렇게 세월이 지난 어느 날 아이는 여전히 학교생활에 만족했지만, 민정 씨는 달랐다. 학교에서 하는 일이 점점 부담스러웠다. 휴일에도 학교 일에 매여 있는 날이 잦았고 가정생활이 학교를 중심으로 돌아가는 것에 버거움을 느꼈다. 학교에서 강조하는 몇몇 규칙은 민정 씨의 성향과도 맞지 않았다. 매일 아이를 학교에 데려다주고 데려오는 일도 힘에 부쳤다. 과연 전학하길 잘한 것인지, 앞으로도 계속 이렇게 지낼 수 있는지 걱정이 되었다.

그러던 어느 날 민정 씨는 등교하는 아이에게 버럭 화를 냈다. 아침부터 밥투정하는 아이를 보면서 갑자기 자신의 처지를 한탄하며 감정이 격해졌던 것이다. 그녀의 분노는 아이에게 가서 꽂혔다. 그녀는 아이의 학교생활을 챙기기 위해 자신의 온 시간과 정성을 쏟아부으며 버둥거리는데, 그깟 밥 한번 먹는 것 가지고 투정을 부리는 아이에게 한심한 마음과 함께 자신의 노력이 헛되다는 느낌마저 들었다. 그렇게 화를 내고 만 민정 씨는 축 처진 어깨로 학교에 들어서는 아이의 뒷모습을 보며 한없이 우울해졌다. 아침부터 혼 쭐이 난 아이가 멍한 눈으로 교실에 앉아 있을 모습이 떠오 르자 그제야 아이에 대한 미안한 마음이 올라왔다.

'내가 전학을 시켰는데, 이제 와서 힘들다고 아이한테 화풀 이나 하고. 애도 학교생활 열심히 하느라 자기 딴에는 고생 인데. 내가 어쩌자고 애를 그렇게 다그쳤을까. 애는 그저 밥 투정 잠깐 한 것뿐인데, 아침부터 내가 너무 했지. 이런 식으 로 어떻게 계속 지내지? 몇 년을 이대로 버틸 수 있을까?'

민정 씨는 자신이 없어졌다. 학교를 즐겁게 다니는 아이의 모습에서 만족감을 얻기는 했지만, 몇 년을 더 이런 식으로 지원해야 한다는 것은 끔찍하게 느껴졌다. 아이만 좋다면야 뭘들 못하겠나 싶었지만, 막상 해보니 너무 힘들었다. 좋은 선택이었음을 부정할 수 없지만, 선택을 지켜나가는 데에는 힘이 부쳤다.

민정 씨처럼 우리는 좋은 선택을 하고 나서도 후회하는 마 음과 더는 못 할 것 같은 좌절감을 경험할 수 있다. 당연히 그럴 수 있다. 자신의 선택에 온 힘을 다해 뛰어들다 보면, 아무리 좋 아서 하는 일이라 할지라도 힘겨워 포기하고 싶어질 수 있다.

'좋아하는 일인데 왜 힘들지?' 하고 생각한 적이 있는가? 좋아하는 일도 열심히 하다 보면 힘들 수 있다. 꿈에 그리던 회사에 입사했다 하더라도 못 견디게 힘들 수 있다. 좋아서 시작한 공부라도 어느 날은 죽도록 하기 싫어지고 진절머리가 날 수 있다. 힘이 들고 아니고는, 자신이 그 일에 얼마나 많은 것을 쏟아부었는가에 달렸기 때문이다. 좋아하는 일에 많은 것을 쏟아부었다면 그만큼 에너지가 소진되는 것은 당연한 일이다.

왜 그렇게 힘들어하냐고 다그치는 마음을 잠시 내려놓고, 그럴 만했다고 어깨를 다독여주는 것은 어떨까. '그렇게 열심히 하지도 않았는데'라며 자책하거나, '더 할 수 있었는데'라며 후회하거나, 못 할 것 같다고 느끼는 자신을 너무 탓하지는 마라. 오히려 "방전될 만큼 에너지를 많이 썼구나" 하고 애쓰며 달려온 자신의 마음에 하트를 날려주어야 할 때다. 지금부터는 소진된 에너지를 충전하면서 무언가를 할 수 있는 방법도 생각해봐야 한다. 완전히 나가떨어지기 전에 배터리를 조금 더 충전해두고 다시 힘을 내보는 거다.

가끔 귓가에 어머니가 하시던 말이 맴돈다.

"네가 좋아서 저질러놓고, 이제 와서 왜 그러는데!"

"내가 좋아서 한 일 맞는데, 그래도 힘들어. 힘들어서 쉬어가고 싶어. 좋아하는 일도 힘들 수 있다고!"

그리고 나 자신에게도 말해본다.

"다른 사람들은 모를 수도 있어. 내가 알아주면 돼. 내가 마음을 담고, 몸을 담고, 영혼을 담아 한 일은 내가 잘 알지. 그럼 됐어. 잘했어"라고.

매일 나를 소중히 여기는 마음

자존감

1970년대부터 1990년대까지 미국을 휩쓴 심리학 용어 가운데 '자존감self-esteem'(자아존중감의 줄임말)이 있다. 자존감은 한 개인의 심리적 건강 상태를 가장 잘 나타내주는 지표로서 많은 학술적 자료와 대중매체에서 앞다투어 소개되고 있다. 그러다 보니 자존감이라는 말을 모르는 사람이 없을 정도다.

자존감은 자기 자신을 가치 있는 존재로서 존중하는 마음과 그런 믿음을 말한다. 자존감과 관련된 많은 심리학 연구가 시도되면서 자존감 높은 사람과 자존감 낮은 사람의 특성도 꽤 많이 알려져 있다. 대체로 자존감이 높은 사람은 대인관계에서 친화력이 높고 매력적으로 보인다. 자신이 실패한 일에 대해서도 훌훌 털어버리고 일어날 수 있고, 어떤 일을 하든 그 일의 성패를 떠나서 자신을 사랑할 줄 안다.

반면에 자존감이 낮은 사람은 자신을 대인관계에서 사회성이 부족하고 매력적이지 않으며 실패 앞에서 쉽게 좌절하고 잘 극복하지 못한다고 생각하는 것으로 알려져 있다. 하지만 이러한 사회성, 대인 호감도, 실패나 좌절에 대한 회복탄력성과 같은 특성들이 단순히 자존감의 높고 낮음으로 인해 생긴 결과인지 아닌지는 불분명하다. 다만, 심리학자들은 이들 특성이 자존감과 관련성이 존재한다는 정도만을 밝히고 있을 뿐이다. 유의미한 정도의 관련성이 있다는 것은 두 가지 특성이 서로 연동되어 함께 증가와 감소를 한다는 것이지, 어떤 것이 다른 것의 원인이 되고, 결과가 된다는 것을 말해주지는 못한다. 즉, 자존감이 높기 때문에 친화력이 좋다고 할 수는 없다는 것이다. 반대로 친화력이 좋으니까 자존감이 높다는 결론도 내릴 수 없다.

그러나 자존감이 높은 사람은 대체로 자신에 대해 긍정적인 태도를 가지고 있기 때문에 타인을 대할 때도 불필요하게 방어적인 태세를 취하지 않는다. 이런 면에서 건강한 자존감을 갖는 것이 삶을 살아가는 데 직업적·학업적 성취, 대인관계 등 여러 면에서 이점이 있다.

높은 자존감과 관련된 긍정적인 측면과 낮은 자존감과 관련된 부정적인 측면이 곳곳에 소개되다 보니 많은 사람이 어떻게 하면 자존감을 키울 수 있는가를 궁금해한다. 상담실을 찾는 분들도 상담에서 무엇을 얻고자 하냐고 기대를 물으면 으레 자존감을 회복하고 싶다고 답한다.

친하게 지냈던 친구와 관계가 단절되고, 믿었던 가족이 듣기도 힘든 말을 무자비하게 내뱉고, 사랑하는 사람이 자신을 부정하는 말과 행동을 할 때 우리는 어떻게 대응하는가? 처음에는 상대방을 이해하려고 노력할 것이다. 그다음 자신을 바꿔 상대에게 맞춰보려고도 할 것이다. 그것마저 뜻대로 되지 않으면 끝내 자존감에 상처를 입고 한없이 내면으로 침잠하는 경우를 종종 만난다. 이때쯤 되면 과거의 일은 과거의 것으로 묻어버렸는데, 무너진 자존감이 발목을 잡는다. 몸과 마음에 기운이 하나도 남아 있지 않다. 무기력한 자신을 어떻게든 일으켜 세워보려고 해도 좀처럼 다리에 힘이 들어가질 않는다. 무엇을 해도 자신을 소중하게 여기기 어렵고, 그저 못난 자신을 미워하고, 한심하게 여기기도 한다. 내면 속 질서가 깨어지고 있는 것이다. 그렇게 되면 그 사람은 이제 자신의 낮은 자존감 자체를 문제로 여기게 된다. '내가 자존감이 낮아서 그래'라며 자신의 자존감을 탓하기에 이른다.

자존감을 쌓는다는 것은 매일의 삶에서 자신만이 가진 독특하고 소중한 부분을 긍정적으로 바라보는 태도를 가지는 것이다. 어떤 점수를 맞아야만, 어떤 자격증를 따야지만, 어떤 평가를 들어야지만 나를 인정하는 것이 아니라, 어떤 점수이든, 어떤 자격을 갖추었든, 어떤 평가 앞에 놓이든 내가 해왔던 노력과 그 과정을 내가 알아주고, 그 경험을 치러낸 자신을 이해해주는 것이다. 내가 누군가에게 미움을 받고, 누군가에게 따돌림을 당하더라도 나 스스로 내가 알고 있는 긍정적인 면들을 여전히 소중히 여기며 지켜주는 것이다. 일부 사람들에게 상처받고, 잠시 거리를 두더라도 나 자신을 사랑하는 법을 잊지 않는 것을 말한다.

그런데 많은 사람이 어떤 일의 성공 여부에 따라 자기 자신을 대하는 태도를 달리한다. 결국 주어진 결과의 성패에 따라 자존감이 오르락내리락한다. 그야말로 자존감이 바람 앞의 등불과 같은 신세가 되는 셈이다.

'이번 점수만 잘 받으면 난 꽤 괜찮은 아이가 될 거야.'
'이번 프로젝트를 성공시켜야 유능하다고 할 만하지.'
'내가 좋은 사람이 되려면, 친구에게 최대한 맞춰야 해.'

자기 가치를 평가할 때 이렇게 결과를 중시하면 우리는 자존감을 얻는 데 조건을 붙이게 된다. 인간 중심 상담을 창시한 심리학자이자 상담의 대가로 알려진 칼 로저스Carl Rogers는 조건이 붙지 않는, 무조건적인 긍정적 존중을 통해 긍정적인 자기 개념을 형성할 수 있다고 했다. 그렇다면 우리가 노력해서 얻은 결과를 다 무시하라는 말일까? 물론 그것은 아니다. 노력으로 일구어낸 좋은 결실은 그것대로 충분히 누려야 한다. 값진 열매인 만큼 그간의 어려움을 헤쳐 나온 자신을 따뜻하게 받아들이고 축하해준다. 하지만 결과가 실망스럽다고 해도 노력해온 과정을 오롯이 다 알고 있는 것은 자신뿐이므로 자기를 진심으로 격려하며 받아들여야 한다. 억지로 "그따위 결과는 필요없어", "난 해볼 만큼 했는데, 그만한 가치가 없는 일이었어"라고 폄하할 필요도 없다. 단지 공들여왔던 그 일이 잘되지 않아 실망스럽고 지쳐 있는 자신의 마음에 이렇게 말해주면 된다.

"그래도 충분히 힘썼으니, 그걸 알아주자. 수고했어."

"내가 알아. 내가 애쓰고 노력한 거. 무언가를 위해 노력했다는 것은 멋진 일이야."

"결과는 아쉽지만, 열심히 노력하면서 내가 직접 부딪히고 깨지고 고민했던 과정은 절대 헛되지 않아. 최선을 다하는 나 자신을 보게 해주었거든."

하지만 자존감을 높이겠다고 자신을 과대포장하고 억지 주장을 하는 것은 멀리하는 것이 좋다. 남 탓을 한다거나 상황을 객관적으로 보지 않고 자기중심적으로 왜곡하는 것은 오히려 건강하지 않은 나르시시즘을 낳을 수 있다. 간혹 나르시시즘으로 향하는 길을, 자존감을 높이는 일로 오해하는 예가 있다. 자존감을 높이기 위해서 나르시시즘의 덫에 빠지지 않도록 주의해야 한다. 예를 들어 "이건 내가 더 잘하지", "저렇게 하는 건 나밖에 없어. 다른 사람들은 별 볼 일 없잖아", "내가 저 사람보다 더 나은 거 같은데"와 같은 식으로 다른 사람들과 비교하면서 느끼는 우월감은 건강한 자존감에서 나오는 것이 아니다. 나르시시즘은 오히려 우월감을 추구하기 위해서 타인을 지나치게 평가하는 태도로 바라보고, 자기 자신만을 위한 만족을 추구한다. 자신이 가진 긍정적인 부분을 높이 평가하고, 오래 기억하며 더 나아갈 영양분으로 삼는다는 점에서 나르시시즘과 높은 자존감은 공통점을 가진다. 그러나 우리가 얻길 바라는 건강한 자존감과 나르시시즘은 분명히 다른 개념이다. 나르시시즘은 자신이 남들보다 돋보이는 것에 관심이 있기 때문에 타인과 진정한 친밀감을 형성하기 어렵다. 남들보다 자신이 우위에 서기 위해 다른 사람의 장점이나 잘된 점을 진심으로 인정하지 않는다. 또한 자신을 실제보다 더 부풀려 보이고 싶어 한다. 이를 위해서 때로는 타인을 이용하기도 한다. 우월감을 느끼지 못할 때는 우울해지고 무척 고통스러워한다. 더 나아지지 못하는 것에 큰 자책감을 느끼고, 자신의 부족한 진짜 모습을 마주하는 것을 극도로 괴로워하며 피한다. 이러다 보니 나르시시즘은 더 많은 대인관계에서 마찰을 빚을 소지도 다분하다. 그들은 다른 사람들과 수평적이고 평화적인 관계를 맺는 데에 별 관심을 두지 않을 때가 많다.

건강한 자존감을 추구하는 것은 현실의 문제를 외면하는 것이 아니다. 오히려 현실의 문제를 객관적으로 직시하면서도, 그 문제 앞에 놓인 자신의 상태를 받아들이는 것이다. 나의 좋은 점과 타인의 좋은 점도, 나의 부족한 점과 타인의 부족한 점도 있는 그대로 바라본다. 평가받는 것에 지레 겁먹고 뒷걸음치지 않는다. 현실의 문제 속에서도 배울 점이 있다는 것을 깨닫고, 그것을 긍정적인 태도로 수용한다. 그리고 자신에게 부족한 면이 있었다면 이를 알아가고, 개선할 의지를 스스로 북

돋운다. 이는 현실에서 있는 그대로의 자신을 알고(부정적인 것과 긍정적인 것 모두 포함해서), 지금의 내 모습에서 나의 가치를 알아주고 존중하겠다는 마음이다. 여기서 높은 자존감을 얻으려는 것 자체가 목표가 되어서는 안 된다. 자존감은 자신에 대한 따뜻한 시선과 돌봄이 조금씩 모이고 쌓이면서 자신에 대한 긍정적 관점이 생기면 저절로 형성되는 것이다. 그 과정에는 자신에 대한 존중과 이해, 수용이 포함된다. 애써서 그것을 가지려고, 잡으려고 하면 자신에 대한 과장된 평가를 하게 되거나 자존감을 높여줄 다른 목표에 사로잡혀 오히려 건강한 마음을 단련시키는 것과는 거리가 멀어질 수 있다. 우리의 목표는 높은 자존감이 아니라, 매일의 일상에서 만나는 자신을 소중히 여기며 돌보기 위해 자신의 내면을 새로운 관점으로 깊이 이해하고, 받아들이면서 마음의 근육을 키워가는 일에 가깝다.

요즘 대중매체에서 무턱대고 "자존감을 높여야 한다"라고 얘기하는 것을 심심치 않게 본다. 어쩌면 우리는 자존감을 강요당하고 있는지도 모르겠다. 자존감은 하루 아침에 낮아지는 것도 아니요, 하룻밤 사이에 높아지는 것도 아니다. 자존감은 조금씩 균열이 가다가, 더 이상 지탱할 수 없을 것 같은 절박한 지경이 되어서야 무너진 자존감으로 드러나곤 한다. 마음에 균열이 더 이상 가지 않도록 자존감을 붙들고 싶은가? 그렇다면 우리의 자존감이 하루 아침에 무너지지 않았듯이, 벽돌 하나하나 정성스레 놓는다는 심정으로 차근차근 마음의 힘을 쌓아가야 한다. 무턱대고 자존감을 높이려고 애쓰기보다 말이다. 자존감은 다름 아닌, 나를 이해해보려고 노력하는 행위라는 점을 잊지 말자. 내 능력을 과대포장하지 않고, 지금의 나를 좋은 것은 좋은 것대로, 별로인 것은 별로인 것대로 제대로 알고 이해하며, 연민의 마음을 가져보자. 그렇게 하면서 적절한 자존감을 유지한다.

자존감은 그냥 가져지는 것이 아니라, 일상생활의 곳곳에서 이러한 삶의 태도를 견지하려고 노력하는 과정에서 만들어진다. 높은 자존감을 달성하려고 목표를 세우는 것보다는, 건강한 자존감을 추구하겠다는 방향성을 가지고 작은 것 하나에서도 자신에 대한 가치를 발견하고 소중하게 여기는 마음가짐이 중요하다. 미처 인식하지 못하던 자신의 특성을 만나게 된다면, '나에게 이런 면도 있었구나' 하고 환영하는 마음으로 자신만의 새로운 면면을 관찰하고 기억한다. 자신에게서 관찰된 긍정적인 면들을 무심코 지나치지 말고, 그것들을 마음속에 고이 간직하며 새겨둔다. 조금 못나 보이고, 부족해 보이는 면이 있더라도 너그럽게 봐준다. 진심을 다해 나를 포용하고 인정해 줄 수 있는 사람은 바로 자기 자신뿐이다.

*참고: Scott Barry Kaufman, "Narcissism and Self-Esteem Are Very Different"(blog), https://blogs.scientificamerican.com/beautiful-minds/narcissism-and-self-esteem-are-very-different

건강한 자존감을 얻는다는 것은,
매일 벽돌 하나하나를
정성스레 쌓는다는 심정으로
자신에게 따뜻한 시선과 돌보는 마음을
키워가는 것이다.

죽기 직전까지 마주해야 하는 감정

외로움

오랫동안 외로움을 연구해온 노리나 허츠Noreena Hertz 박사는
외로움이 우울, 불안, 심지어 자살 충동 등 심리적 건강뿐 아니
라 전반적인 신체 건강에도 안 좋은 영향을 미친다고 말한다.
"지속적 고립은 매일 담배 15개비를 피우는 것만큼 해롭다"라
고 얘기할 만큼 노리나 허츠 박사가 외로움을 보는 관점은 날
카롭다.

소셜미디어가 폭발적으로 급증한 시기인 2010년 이후부터
외로움을 호소하는 사람들이 급증하고 있다. 소통을 도와줄 것
으로 기대했던 미디어의 사용이 오히려 진짜 소통의 질을 떨어
뜨리고 있는 것이다.

세계보건기구(WHO)는 외로움을 긴급한 세계 보건 위협
으로 보고 전담 국제위원회를 출범시켰고, 영국은 2018년 1월

세계 최초로 외로움부 장관을 임명하며 외로움을 더 이상 개인의 문제가 아닌 사회적 질병으로 보기 시작했음을 알렸다. 뒤이어 일본도 고독부 장관을 임명했다. 이는 비단 이웃나라의 이야기만이 아니다. 우리나라도 이미 외로움이 병처럼 번져 개인을 넘어 사회 문제로 이어지고 있다.

흔히들 가을은 '고독의 계절'이라고 한다. 외로움과 비슷한 듯 다른 고독은 사전적 의미로 '세상에 홀로 떨어져 있는 듯이 매우 외롭고 쓸쓸함'을 뜻한다. 고독을 긍정적인 의미로 보면 스스로 창조한 외로움의 동굴로 들어가 잠시 내면의 소리에 귀를 기울일 수 있게 쉬어가는 숨 고르기의 일종이라 볼 수 있다. 어쩌면 가을이라는 계절 덕분에 뜨겁게 달아오른 여름의 열기를 식힐 수 있는 건 아닐까. 여름 내내 긴 낮시간 동안 우리는 몸과 마음을 바쁘게 몰아간다. 그 끝에 고요한, 고독의 휴식이 쉼표처럼 기다리고 있다는 것은 마치 잘 짜놓은 자연의 지혜로운 섭리 같다.

하지만 고독은 말 그대로 쓸쓸하고 외로운 감정이다. 고독을 스스로 창조하고, 그 안에서 휴식한 후 빠져 나올 수 있다면 참 좋겠으나 고독 뒤에 헤어나올 수 없는 외로움이 계속된다면, 고독은 더 이상 달콤한 쉼이 될 수 없다. 상담을 하다 보면 끝없이 계속된 외로움에 지친 사람들을 자주 만나게 된다.

외로움은 우리 모두가 죽기 직전까지 마주해야 하는 감정 중 하나이다. 그만큼 친숙하지만, 그리 자주 경험하고 싶진 않은 감정이다.

외로움을 긍정적인 의미로 해석하면, 사람들과의 교류와 사회적 활동 참여로 이끄는 감정이기도 하다. 하지만 만성적인 외로움에 노출되어 있다면 얘기가 다르다. 이때의 외로움은 고통 그 자체이다. 외로움은 우울증이나 불안증과 같은 심각한 위기로 이어질 수도 있어 주의가 필요하다. 특히 젊은 사람일수록 외로움을 많이 경험한다고 한다. 학교나 직장 등 환경의 변화를 자주 경험하는 청년층의 외로움을 간과해선 안 된다. 청년층의 활발한 활동만큼이나 그 뒤에 외로움이라는 쓸쓸한 모습이 공존하고 있다. 실제로 곳곳에서 만나는 청년들에게서 더 이상 연애나 결혼, 아이 양육 등과 같은 과업이 인생의 중요 순위에서 아예 배제되거나 마지못해 선택하는 일이 되고 있다. 청년들 중에는 외로움에 몸서리치면서도 깊은 애정을 나누고 지속적으로 온기를 나눌 대상을 곁에 두길 꺼려 하는 이들이 꽤 있다. 외로운 건 싫지만 그렇다고 해서 누군가의 삶에 깊이 관여하고 책임지거나, 자기 삶에 누군가가 깊숙이 들어오는 것을 원치 않는 것 같다. 혼자이고 싶지만 외로운 건 싫은 사람들이 점점 늘어간다.

노리나 허츠 박사는 외로움에 서서히 병들어가는 우리에게 이를 극복하는 아주 간단하고 쉬운 방법 하나를 소개한다. 바로 '미세 상호작용'을 일상 생활에서 실천하는 것이다. 코웃음이 날 정도로 간단한 방법인데, 일상에서 만나는 사람들과 가볍게 인사를 주고받는 것이다. 오늘 아침에 커피 사러 갔다가 만난 카페의 직원에게, 지나가다 만난 동네 이웃에게, 택배 기사에게 "안녕하세요", "감사합니다", "좋은 하루 보내세요"라고 웃으며 인사를 건네보자. 내가 자주 이용하는 편의점 사장님은 물건을 사고 나가는 내 등 뒤에 긴 인사말을 건넨다. "감사합니다. 오늘도 행복한 하루 보내세요"라고. 아주 긴 인사는 아니지만, 요즘 세상에서는 참으로 긴 인사말이라고 느껴질 정도이다. 이렇게 긴 인사를 전하는 사장님을 어찌 안 돌아볼 수 있겠는가. 성급히 문을 열고 나가려다가 사장님의 포근한 얼굴을 한 번 더 쳐다보고 말하게 된다. "네, 사장님도 좋은 하루 보내세요."

잠시라도 나의 진심 어린 말과 표정이 가슴에 가닿을 수 있고, 상대가 그런 진심을 받아들일 수 있다면, 그 공명의 순간이

'우리가 함께 존재하고 있음being'을 일깨워주는 신호가 되어 준다. 함께 존재하고 있음을 일깨워주는 1분 마음챙김도 실천해보자.

함께 존재함을 일깨워주는 1분 마음챙김

1. 잠시 가까운 사람의 눈을 바라본다.
2. 서로 오롯이 상대의 안녕well-being에만 관심을 두며 30초간 지긋이 응시한다.
3. 옆에 누군가 없다면, 거울을 통해 자기 자신에게 혹은 마음속에 자신의 모습을 그려넣고, 똑같이 '안녕'을 바라는 눈빛을 보낸다.

   1초, 2초, 3초⋯⋯30초.

   짧은 순간의 교감이 우리 내면에 어떤 울림을 남기는지 느껴본다.
4. 따뜻한 온기를 품으며 혼자가 아니라는 걸 마음속에 잠시 가만히 올려다둔다. 그렇게 또 30초간 마음에 온기를 품어본다. 오늘을 살아갈 힘을 얻기를 소망하면서.

'아직 부족해'가 아니라 '이 정도면 충분해'로

————

완벽주의

날로 경쟁이 심화하는 요즘, 완벽하려는 욕구를 가진 사람들이 많다. 상담사인 나 또한 완벽을 기하려고 애쓸 때가 있다. 사람마다 완벽을 추구하는 영역이나 대상은 조금씩 다르다. 어떤 사람은 원고 교정과 같은 일을 볼 때 하나의 오타도, 띄어쓰기도 놓치지 않으려고 노력한다. 어떤 사람은 청소할 때 특히 완벽을 기하려고 한다. 방금 청소기가 지나간 자리라도 다시 한 번 보며 청소가 미흡한 부분은 없는지 살핀다. 어떤 사람은 자신이 아끼는 관계에서 더 완벽한 사랑을 이루려고 한다. 진정한 사랑으로 거듭나기 위해 빠져서는 안 될 것들이 무엇인지를 고민하고 채우기 위해서 애쓴다. 완벽한 아내, 완벽한 남자친구, 완벽한 자녀가 되기 위해 안간힘을 쓰기도 한다. 완벽주의는 공부, 일, 운동, 사랑, 관계 어디에서든 나타날 수 있다.

이렇듯 완벽주의 특성을 가진 사람들은, 높은 기대 수준을 가질 뿐만 아니라 시도 때도 없이 타인과 비교하면서 자신이 얼마나 탁월한지 얼마나 부족한지를 평가한다. 또한 탁월한 상태를 늘상 유지해야 한다고 생각한다.

완벽주의라도 다 똑같지만은 않다. 조금씩 다른 모습으로 완벽주의가 나타나는데, 심리학에서는 크게 세 유형으로 나누어 설명한다.

- 자기 자신에게 엄격한 기준을 적용하는 자기지향적 완벽주의.
- 가족이나 연인 등 중요한 타인이 완벽하기를 기대하는 타인지향적 완벽주의.
- 가족이나 연인 등 중요한 타인이 가지고 있는 엄격한 기준을 만족시키려는 사회부과적 완벽주의.

이 중에서도 사회부과적 완벽주의는 타인의 기준에 자신을 맞추는 데 관심이 쏠리기 때문에 자신의 장점이나 강점에 대해서는 소홀히 인식하기 쉽다. 내가 아무리 좋은 자질과 재능, 장점이 될 만한 부분을 가졌다 해도 타인이 이를 인정해주지 않고 계속해서 다른 성취를 바란다면, 자신이 가진 장점을 마치 하찮은 것인 양 느끼는 것이다. 사회부과적 완벽주의가 높으면 자신의 장점을 보지 못하여 자신에 대해 긍정적인 생각을 갖기 어렵다. 그러니 스스로에 대한 긍정적인 가치를 느끼기도 힘들고, 자존감에도 상처를 입기가 쉽다.

민도현 씨는 꿈에 그리던 회사에 당당히 입사했다. 중소기업에서 몇 년간 경력을 쌓아 드디어 원하던 대기업의 경력직 사원이 되었다. 경력직이긴 하나, 3년 정도의 짧은 경력이라 부서에서는 신입이나 다름없었다. 고대하던 대기업 입성으로 도현 씨는 새로운 열정에 불타는 자신을 느꼈고, 그리 뿌듯할 수가 없었다.

이직한 회사에서는 좋은 학벌을 가진 사람들이 많았고, 더 많은 사람과 인맥을 쌓아갈 수 있었으며, 연봉도 올라 도현 씨의 자부심도 덩달아 커졌다. 그러나 천하무적의 스펙을 얻었다는 기쁨은 반년이 채 가기도 전에 서서히 무너졌다. 첫 달에는 직장 선배가 사주는 밥도 넙죽 잘 받아먹으며, 동료들에게 커피도 쏘고 무리없이 잘 지냈다. 싹싹하게 다가오는 도현 씨를 동료들도 친근하게 대했고 원만히 지내는 자신의 모습에 도현 씨도 흡족했다. 그런데 한 달, 두 달이 지나면서 도현 씨는 인간관계에 지치고 버겁다는 느낌에 시달리기 시작했다. 새로 시작한 사내 동아리에서는 매주 한 번씩 회식을 하고, 주말에는 사외 단합대회에도 참여했다. 사람들에게 호감을 받는 일이 좋았던 도현 씨는 자신이 속한 부서뿐 아니라 옆의 부서 사람들과도 거의 매일 연락을 주고받으며 적극적으로 사람들을 만났다. 직장에서 유능하다고 인정받고 싶었기 때문에 야근도 불사하다 보니, 피로도는 나날이 높아지고 있었다.

하지만 직장에서의 인간관계가 회사 생활의 성패를, 나아가 사회에서의 성패를 좌우한다는 믿음을 가지고 있던 터라, 도현 씨는 일도 사람도 그 어느 것도 포기할 수가 없었다. 회사에 뼈를 묻겠다는 심정으로 모든 것을 회사 생활에 맞추었다. 그런 절심함은 그를 더욱 지치게 만들었다. 하고 많은 회사 중에서 특별히 자신이 골라 선택해 들어온 회사였는데, 이제는 회사와 회사 사람들이 자신을 능력자로 선택해 주길 바랐다.

선택받기 위해 모든 업무, 비업무 메시지에 빠르게 답했고, 선택받기 위해 팀장님이 지시한 보고서를 재빠르게 준비했다. 선택받기 위해서 부당하다고 느껴질 만한 일이 있어도 눈감고 지나쳤다. 선택받기 위해 주변 동료들로부터도 좋은 평판을 받고자 노력했다. 여러 사람의 몫을 해내던 '열정러' 도현 씨는 결국 이렇게 반년 만에 스스로 기진맥진해져 회사 생활과 인간관계에 대한 열정을 잃어버렸다.

도현 씨의 이야기처럼, 우리는 종종 타인에게 기준점을 두고 살다가 자신의 페이스를 잃고 방황할 때가 있다. 누구보다 열심히 살아온 '열정러'인 도현 씨는 자신의 삶에서 그 어느 것도 놓치고 싶지 않아 했다. 그중에서도 타인이 도현 씨에게 기대할 것이라 여겨온 일과 관계에서의 유능함에 지나친 압박감을 느꼈다.

자신을 평가하는 기준이 늘 타인에게 있다면 어떤 일이 일어날까? 이 세상에 100명의 사람이 있다면, 100명 모두 기준이 다르다. 예를 들어 아름다운 머리 색깔이 어떤 색인가에 대한 가치를 매긴다고 한번 상상해보자. 100명이면 100명 모두 각자가 아름답다고 생각하는 색상이 다르다. 어쩌면 100개의 색상이 등장할지도 모른다. 이러한 타인의 기준에 내 기준을 맞추려 한다면 우리는 100가지의 마음을 가져야 한다. 내 마음속에 100개의 기준이 들어앉아 있다고 상상하면 정말 과부하에 걸리지 않고 배길 수 있을까. 이해할 수 없는 다른 사람들의 마음을 모두 안고 살아간다는 것은, 내가 '나'이기를 포기해야 한다는 말과 같다. 우리 자신이 100개의 사람으로 분열될 수는 없는 일이니까 말이다.

타인의 마음을 우리가 완전히 이해하기 어려운 것처럼, 타인의 기준도 내 입장에서는 완전히 알 수 없다. 또한 사람마다 기준도 다양하기 때문에 타인이 만족할 만한 무언가를 내가 찾아서 충족시킨다는 것은 매우 어려운 일이다. 타인에게 기준을 둔 이상 우리는 그 누구도 충족시킬 수 없는 문제를 맞닥뜨린 셈이다. 한 명의 기준에 맞추면 나머지 99명의 기준엔 못 맞추는 꼴이 되어버리기 때문이다.

더는 타인에게 기준을 두고 완벽해지려고 애쓸 필요가 없다. 100가지 다른 얼굴로 분열되어 살아갈 게 아니라면, 자신의 모습이 무엇인지에 초점을 맞춰야 한다. 나라는 사람에게서 얻을 수 있는, 나라는 사람의 능력에서 나올 수 있는 한계를 아는 것이 필요하다. 그릇이 크다고 꼭 좋은 것은 아니다. 내가 가진 그릇이 크면 클수록 더 많이 채워 담아야 하니까. 그릇이 작으면 작은 대로 더 수월하게 담을 수 있으니, 그릇의 크고 작음을 탓할 필요도 없다.

만일 내가 완벽주의로 지쳐 있다면, 내가 가진 그릇의 70~80퍼센트만 채워보면 어떨까? 내 능력의 70~80퍼센트를 끌어올려 달성할 수 있는 기준에 목표점을 찍어보는 것이다. '노력한다는 것'은 사실 쉬운 일이 아니다. 자라면서 이런 말을 한 번쯤 들어봤을 것이다. "노력만 하면 잘할 텐데……"라는 아쉬움을 담은 소리 말이다. "노력만 하면……"이라는 말을 부모님이나 선생님께 들었던 기억도 있고, 심지어는 스스로에게도 종종 이런 말을 하곤 했다. 하지만 그 '노력한다'는 것이 어디 그리 쉽던가. 어려우니까 우리 어른들도 입버릇처럼 그렇게 말했던 게 아닐까.

한편 자신의 노력을 최대한 끌어내 100퍼센트 쓰려고 한다면 이 또한 얼마 못 가 지쳐 쓰러지고 만다. 목표 지점 앞에서 쓰러져 목표에 영영 도달하지 못할지도 모른다. 열심히 목표점을 향해 돌진하더라도 돌아올 힘은 남겨놓아야 한다. 쉴 수 있는 힘 말이다.

현실적으로 자신의 상황, 체력, 능력, 시간, 들일 수 있는 노력의 정도를 따져서 적절한 목표를 설정하는 것이 중요하다. 적당한 수준의 자기지향적 완벽주의는 자기계발에 도움이 되는 것으로 알려져 있다. 그러나 사회부과적 완벽주의는 다르다. 타인에게 인정받지 못할까 봐, 또는 남들에게 뒤처질까 봐 불안한 마음 때문에 오히려 자기계발의 강박에 매달리고, 결과적으로 우울이나 무기력, 불안증 같은 문제를 야기할 수 있다.

'완벽'에는 사실상 기준이 없다. 완벽 위에 또 다른 완벽이 늘 생기기 마련이다. 티끌 하나 없는 무결점의 상태를 완벽이라고 해야 할까.

완벽주의에 시달리는 사람들의 내면에는 '제대로 잘 살고 싶다'는 마음이 자리하고 있다. 처음부터 남들보다 더 잘 살아야지, 경쟁에서 이겨야지 하는 마음은 아니었을지도 모른다. 그저 잘 살고 싶은 마음에서 출발한 것일 수 있다. 먼저 자신에게 있는 그 태초의 동기를 떠올려보면 완벽주의를 좀 다르게 바라볼 수도 있다. 잘 사는데 어떤 기준이 필요하지는 않으니까 말이다. 애초에 잘 산다는 것이 어떤 의미였는지 곰곰이 생각해보자.

완벽주의로 달려가는 분들께, 정말로 어떤 삶을 원하는지를 물어보면 의외로 소박한 삶을 이야기하는 경우를 자주 본다. 그 소박한 삶을 얻기 위함이었는데, 지나치게 높은 기준을 스스로에게 부과할 때가 꽤 있다. 완벽주의로 힘들어한다면 먼저 자신에게 질문해보자. 어떤 삶을 원하는지. 그 삶을 위해 무엇을, 어느 정도로 하면 좋을지를. 그리고 지금 하고 있는 것이 그 삶을 살아가는 데 정말 도움이 되는지를. 그 질문에 답하기 위해 잠시 시간을 내어보면 어떨까.

완벽주의를 나쁘다고만 할 수는 없을 것이다. 우리 안에 피어나고 있는 꿈에 대한 도전, 채워질 필요가 있었던 욕구들을 충족시키도록 우리를 일으켜주기도 한다. 완벽주의의 바탕에 성실함과, 자기 이해, 과정과 결과에 대한 수용이 함께한다면, 우리는 바라던 성취의 기쁨을 누릴 수 있다. 다만, 더 높은 기준에 매달리고, 끝없이 인정認定에 몰두하며 도달하지 못할 목표에 집착하는 것은 도움이 되지 않는다는 것을 명심하자. 집념을 가지고 꾸준히 자신을 성장시키는 것과, 집착하는 마음은 분명 다르다.

*참고: 김동건, 김한슬, 김규태, 박은정, 채민호, 허창구.「완벽주의 성향이 대학생의 강점 인식 및 자기계발 유형에 미치는 영향」연구방법논총 6(1), 31~63쪽, 2021.

누군가와 재고 또 재보는 마음

———

열등감

열등감에서 자유로운 사람은 많지 않다. 나 또한 열등감이 꽤 있다. 열등감이란 적게 가지거나, 못 가지거나, 부족하다고 느끼는 감정인데, 여기에는 주관적인 판단이 들어간다는 것이 핵심이다.

객관적으로 친구가 나보다 10억 더 많은 재산을 가졌다고 해서, 혹은 친구가 나보다 높은 등수를 기록했다고 해서 반드시 열등감을 느끼라는 법은 없다. 하지만 비교우위에 주관적인 의식을 한 스푼 얹으면 열등감이 시작된다. 멀리뛰기 1등과 100등 사이에 어마어마한 격차가 있다손 치더라도, 주관적인 의식을 끼워넣지 않으면 객관적 사실은 그저 사실에 머무를 뿐이다. 하지만 멀리뛰기 1등을 한 친구가 10등을 한 나보다 다리가 더 길어서 높은 점수를 얻은 것 같다며, 친구보다 짧아 보이는 자신의 다리를 열등한 신체조건이라고 주관적으로 판단을 내리는 순간, 그 사람은 열등감에 마음이 묶이고 만다. 즉 우리가 열등감을 느끼느냐 덜 느끼느냐는 우리 자신이 주관적 해석을 어떻게 하느냐에 달려 있다는 말이다.

경쟁을 당연시하는 요즘, 세상에 열등감을 부추겨 불안감과 성취 욕구를 자극하는 전략을 여기저기서 볼 수 있다. "부러우면 지는 거야"라는 광고 카피가 한때 선풍적인 인기를 끈 적이 있다. 부러운 마음이 드는 것은 열등감을 자극하는 일이니, 그런 일에 열 올리지 말고 소비로 열등감을 보상하라는 뜻이었으리라. 열등감을 자극해놓고는 어서 빨리 열등감을 없애기 위해서 '그 물건'을 소유하라고 부추기는 것이다.

개인 심리학의 창시자인 알프레드 아들러Alfred Adler는 인간 누구나 열등감을 가질 수 있다고 보았다. 그리고 이 열등감을 극복하기 위해서 일상생활에서 자신의 문제점을 찾아 개선하려는 과정에서 자기 발전과 성장이 일어난다고 보았다. 말하자면, 열등감을 극복하고자 하는 동기가 자기 발전의 원동력이 된다는 뜻이다. 그러니 꼭 열등감을 나쁘게만 볼 이유는 없다. 어느 정도 열등감은 노력 여하에 따라 자신을 더 앞으로 나아가게 만든다는 점에서 좋은 점도 있다. 열등감을 느끼지 않는다면, 우리는 더 나아지고자 하는 노력을 하는 데 관심을 덜 둘지도 모른다.

다만, 열등감을 극복하고자 과도한 노력으로 스스로를 극단의 한계점까지 몰아세운다면 열등감의 부자용을 겪고 있다고 봐야 한다. 어떤 경우에는 열등한 상태를 절망적으로 받아들이고 지나치게 자신을 부정적으로 깎아내리는 예도 있다. 때에 따라서는 열등감을 보상받기 위해 타인의 가치를 깎아내리거나, 타인의 권리를 무시하는 이상 행동을 보일 수도 있다. 이 모두가 열등감을 극복하지 못하고, 열등감에 짓눌렸을 때 나타나는 현상이다. 열등감은 그야말로 양날의 검이다. 잘 휘두르면 자기계발과 적극적인 성취, 자아 성장으로 이어지지만, 잘못 휘두르면 정서적인 혼란으로 이어지고 자기와 타인을 파멸로 몰고 간다.

열등감이 주는 선물을 긍정으로 받아들일 때 우리는 자신을 성장의 길에 데려다놓을 수 있다. 열등감이 주는 메시지를 부정적으로만 보고, 그것을 통해서 발전할 기회를 발견하지 않으면 낙담과 좌절, 실패감에 젖기 쉽다.

열등감은 자신이 가진 것을 다른 사람과 비교해 재고 또 재보며 끊임없이 측량하는 마음이다. 내가 가진 것의 무게가 얼마나 무거운지, 얼마큼의 값어치가 있는지, 가격을 매길 수 있는지를 저울질한다. 내 앞에 선 사람보다 얼마나 뒤처져 있는지를 가늠하게 한다.

같은 상황에 놓여도 생각이 다를 수 있다. 예를 들어 이제막 대학을 졸업하고 자격증도 취득하고 높은 어학점수도 갖춘두 인재가 높은 경쟁률을 뚫고 힘들게 회사에 입사했다. 그런데 회사에서 생각지도 못한 허드렛일을 하게 됐다. 아침에 오면 공용 휴게실부터 정리하고, 쓰레기통을 비우고, 사무실 환기시키기를 첫 업무로 하라는 직장 상사의 지시를 받았다. 회의 시간이 되면 모든 회의 참석자의 서류를 복사하는 일도 맡겨졌다.

이 두 청년 중 한 사람은 '내가 이깟 일을 하려고 이렇게 힘들게 공부한 줄 아나? 이런 일을 하면서 도대체 무슨 일을 배워갈 수 있는 거지? 아무것도 얻을 게 없구나'라고 생각했다.

다른 한 사람은 '내가 이런 일을 하려고 그렇게 열심히 공부해온 건 아닌데…… 그래도 아직은 신입이니까 이런 일을 하다보면 뭐라도 얻는 게 있겠지? 어쨌든 사무실에 있는 누군가는 해야 할 일이니까 일단 열심히 해보자. 나도 함께 사용하는 공용 공간이니까 잘 가꿔봐야지. 몇 달이 지나서도 진전이 없으면 한번 상사와 이야기를 나눠봐야겠다'라고 생각했다.

예상 밖의 잡무로 두 사람 모두 마음이 매우 상했지만, 한 사람은 '열심히 해보면 무언가 얻는 게 있을 거야'라는 마음으로 자신에게 주어진 일을 성실히 해내려고 한다. 즉, 자신이 신입이라는 열등한 위치에 있지만, 허드렛일이라도 열심히 해보면 무언가 도움이 되리라는 마음으로 열등한 상태를 극복해보려고 한다. 단지 그 상황에 머무는 것이 아니라, 보다 적극적으로 해내려고 한다는 점이 중요하다. 이런 마음가짐을 가진 사람과 함께 일하는 동료라면 어떤 마음이 들까? 자연스럽게 더 관심이 가고 눈여겨 보게 될 것이다. 그 사람이 하는 일이 설사 잡일이라 하더라도 소중한 일을 하듯 임하는 걸 볼 때 우리는 그의 마음에 공감하고 싶어진다. 그런 사람 곁에 더 머물고 싶어진다. 어떤 일을 대할 때 자신뿐 아니라 다른 사람의 삶에도 이로울 수 있다는 점에 주목하고, 더 많은 기여를 하고자 노력할 때 이러한 열등감 극복도 더 탄력을 받을 수 있다.

열등감에 짓눌려 있다 보면 자신이 원래 가지고 있던 장점, 이미 잘하고 있던 부분도 간과해버리기 쉽다. 열등한 상태에 있더라도 그것을 통해 무엇을 배울 수 있을지, 무엇을 더 성장시킬 수 있을지에 초점을 맞추면 어느새 열등한 상태에서 한걸음 더 나아간 자신을 발견하게 될 것이다. 열등감은 그것 앞에 쉽게 무릎을 꿇고 마는 사람에게 더욱 가혹하게 군다. 그러니 열등감을 멸시하기보다는, 함께 보조를 맞추고 일으켜 세워줘야 할 친구로 생각하는 것이 좋다.

열등감은 양날의 검이다.
자기 발전의 원동력이 되기도 하고,
자칫 자신을 파멸로 몰고 가기도 한다.

인생을 증명하며 살 필요는 없다

인정 욕구

대한민국에 사는 사람치고 '인정認定'에 목마르지 않은 이는 드물 것이다. 나뿐만 아니라 주변의 많은 지인과 내담자 거의 모두에게서 인정 욕구를 쉽게 발견할 수 있다. 그야말로 누구의 욕구가 좀 더 강한가 약한가의 차이일 뿐 대체로 성취의 단맛을 아는 사람은 인정 욕구도 높은 편이다.

우리는 왜 이리 인정 욕구를 채우기 위해 애쓰며 살까? 심리치료 이론에서 자주 등장하는 용어 중 '타당화'라는 말이 있다. 그 말이 맞다는 것을 인정해주는 것을 타당화라고 한다. 즉, 인정해준다는 말이다. 이 타당화, 즉 인정을 잘 못 받고 살면 우리는 여기에 더 단단히 옭아매인다. 적당한 인정 욕구는 저마다 가지고 있다고 치더라도, 죽기 살기로 인정받는 데 얽매여 있는 데는 다 이유가 있기 마련이다. 대부분은 자신에게 중요한 사람들에게서 "네가 타당하다"는 말을 잘 듣지 못해서이다.

"네 말이 맞다."

"그래, 그렇겠구나."

"그런 생각(마음)도 들겠구나."

"그럼, 옳지."

"그럴 수도 있겠다."

"그래, 그렇지."

"알지, 알아."

아주 단순하고도 명쾌한 그 말 "그렇지, 맞네!"라는 말을 끝끝내 듣지 못한 채 성장한 사람들은 다른 사람들에게 끝없이 자신을 증명해 보이는 데 몰두한다. 이를 '인정'받고 싶은 욕구라고 표현하지만 사실은 있는 그대로의 존중을 뜻한다. 잘했다고 인정받는 것, 우수하다고 인정받는 것은 나중의 일이다. 그보다 더 중요한 것은 다음과 같이 있는 그대로의 인정이다.

"당신의 경험을 인정합니다."

"당신의 경험이 그럴 수 있다는 것을 이해합니다."

"당신이 그러한 경험을 했었다는 것을 압니다."

"당신이 그럴 만했다고 생각합니다."

배가 아프다는 아이의 상태를 꾀병이라고 치부하는 경우를 예로 들어보자. 실제로 의학적으로 문제가 없다고 해도 복통을 경험할 수 있는데, 해당 통증이 유발될 때 활성화되는 뇌 부위가 꾀병이어도 동일하게 활성화된다고 알려져 있다. 의학적 질병이 없어도, 뇌에서는 같은 신호를 보내올 수 있다는 이야기이다. 어쨌든 실제로 복통을 느끼고 있는데 이를 꾀병으로 생각한 아버지가 아들의 말을 딱 잘라 "너 꾀병이지?"라고 말한다면 아들은 상처 받을 수 있다. 자신이 경험한 통증과 그로 인한 불편감, 혼란을 아버지가 인정하지 않고, 꾀병이라고 단정하면서 아들은 순식간에 거짓말쟁이, 허풍쟁이가 되어버렸다. 아프다는 경험을 부정당하고, 타당화되지 못한 것이다. 반복해서 이런 상황을 경험하면 아이는 자신의 통증을 증명해야 할 것 같은 느낌에 시달린다.

오랫동안 기억에 남은 유명한 드라마 대사가 있다. 오래전에 방송했던 〈장금이〉라는 드라마에서 어린 장금이가 수랏간

상궁과 이런 대화를 나눈다.

정상궁: 어찌 홍시라 생각하느냐?
장금이: 예? 저는…… 제 입에서는 고기를 씹을 때…… 홍
시 맛이 났는데. 어찌 홍시라 생각했느냐 하시면,
그냥 홍시 맛이 나서 홍시라 생각한 것이온데…….
정상궁: 호오! 그렇지, 홍시가 들어 있어 홍시 맛이 난 걸 생
각으로 알아내라 한 내가 어리석었다.

고기 속에 홍시가 있어서 미각으로 홍시 맛을 알아차린 어
린 장금이가 엄한 상궁 앞에서 자신이 느낀 것을 설명하려고
하니 난감해하는 장면이다. 상궁은 장금이가 감각으로 알아차
린 것을 증명해 보이라고 말한 자신이 오히려 어리석었다는 것
을 깨닫는다.
앞선 예시에서 아들은 자신이 몸으로 느낀 통증을 있는 그
대로 수용받지 못하고 이를 증명해 보여야 하는 입장에 있다.
아버지에게 자신의 증상을 설득해야 하는 아들은 어떤 심정이
었을까. 자신이 정말로 아픈데도 이게 정말 아픈게 맞는 건지,
꾀병은 아닐지 스스로를 의심하게 된다. 아프다는 것은 치료

해야 한다는 신호인데, 앞으로 몸이 보내는 그 신호를 무시하게 될지도 모른다. 또한 이런 일이 반복되면 자기 의심이 증가한다. 자기 자신을 알 수 없는 사람으로 느끼게 된다. 내가 느끼고 있는 것이 사실이 아니면 어쩌지? 내가 잘못된 걸 느끼고 있나? 나도 나를 잘 모르겠어. 내가 어떤 상태인 건지 나도 모르는데 어떡하지? 자신이 직접 느끼고 알아차린 것임에도 자기 경험 그 자체를 신뢰하지 못하는 상태가 된다. 그리고 늘 다른 사람이 자신의 상태를 짚어주길 바란다. 다른 사람이 맞다고 한 것은 안심이 되지만, 아닌 것 같다고 하거나 두루뭉술하게 말하면 불안해진다. 규정되지 않은 상태로 있는 것을 사람들은 불안하게 여길 때가 많다. 불확실한 상황에서는 뇌가 여기저기 신경 쓰느라 많은 에너지를 소모해야 하므로 우리의 뇌는 불확실성을 싫어한다. 차라리 확실한 병명이라도 얻고 싶어 한다. 병명을 얻는다는 것은 타당한 이유를 찾았다는 것이기에 통제 가능한 범위에 있다고 여겨져서 오히려 안심할 수 있는 것이다.

이처럼 자신의 내적 경험(감각 경험, 생각, 감정 등)을 부정당하면, 즉 인정받지 못하면 우리 내면에서는 안절부절못하는 마음이 싹튼다. 인정받는다는 것은 공감받을 수 있다는 것이고,

인정받는다는 것은 그 관계에 소속될 수 있다는 것을 의미하고, 인정받는다는 것은 존재를 존중받는 것이다. 그래서 우리는 기필코 타인의 인정을 받으려고 기를 쓴다.

특히 가족의 인정, 사랑하는 사람으로부터의 인정이 중요하다. 이것은 단순히 능력을 인정받는다거나 칭찬을 받는 것과는 조금 다르다. 이것은 자신의 존재가 심겨 있는 토양으로부터 받아들여지는 경험이다. 내가 뿌리내린 땅에서 나를 거부한다면 나는 어디에 발을 딛고 살아갈 수 있겠는가. 말하자면 인정을 받고 못 받고에 따라서 내가 토양에 제대로 잘 심길 수 있는가 없는가를 가늠할 수 있다. 내 감정, 생각, 몸의 느낌과 같은 내적인 경험을 인정받는다는 것은 토양이 나를 받아들여주는가 아닌가 하는 것과 같은 문제이다.

성장하면서 그러한 인정을 충분히 받지 못하면 다른 사람들에게 자신을 증명해 보이려고 애를 쓰게 된다. 내가 했던 경험을 다른 사람들이 몰라줄까 봐, 혹시 내가 잘못 안 것은 아닐까 하는 의구심에 전전긍긍하게 된다. 그러나 누구에게도 자신을 증명할 필요가 없다. 그것은 오롯이 자신만이 느낀 것이기 때문이다. 내부에 존재하는 그 느낌은 자신이 가장 확실히 잘 아는 것이다. 누군가가 "나는 잘 모르겠는데요. 정말 그래요?"

라고 되묻더라도 당당하게 "네, 제가 느낀 것이에요"라고 말해도 된다. 그저 자신이 경험한 걸로 충분하니까. 지금으로서는 그걸 자기 자신이 알아주는 것이 가장 중요하다. 그토록 원했던 '인정'을 자신에게 선물해주길 바란다. 스스로의 인정이 가장 큰 힘을 발휘할 수 있다. 그 경험을 온전히 제대로 알고 있는 사람은 자신뿐이니까. 잠시 1분간 자기 자신에게 힘주어 말해보자.

내가 잘 알고 있다. 내가 알아주는 것으로 충분하다.

내가 다 알고 있다. 내가 알아주는 것으로 충분하다.

내가 다 인정한다. 내가 인정하는 것으로 충분하다.

내가 다 인정한다. 내가 느끼는 것으로 충분하다.

지금보다 더 나은 사람이 아니어도 된다.
나를 있는 그대로 인정하고 존중하라.

홀가분한 마음을 위한 나뭇잎 명상

1. 잠시 편안하게 등을 곧게 펴고 앉거나 평평한 바닥에 드러 눕습니다.

2. 호흡하기 편안한 자세가 되었다면, 천천히 호흡합니다. 코로 숨을 천천히 들이쉬고 내쉽니다. 숨은 코와 폐를 지나 배를 부풀어 오르게 하고는 다시 밖으로 천천히 내보냅니다. 들이쉬는 숨을 느끼고, 내쉬는 숨을 느낍니다. 숨이 내 몸에 들어왔다가 나가는 것을 온몸으로 충분히 느끼면서 들숨과 날숨의 과정에만 오로지 초점을 맞춥니다. 내쉬는 숨을 0.5~1초가량 더 길게 뽑아냅니다. 내쉬는 숨에 몸이 조금 더 이완될 수 있도록 모든 몸의 근육을 내려놓습니다. 호흡을 10번 정도 편안히 한 후에 몸이 이완되는 느낌을 알아차립니다.

3. 이제 마음속으로 졸졸 흘러가는 작은 개천의 다리 위에 서 있는 당신을 떠올려보세요.

4. 다리 위에서 흘러가는 냇물을 가만히 바라봅니다. 냇물은 멈춰 있지 않고 계속해서 천천히 고요히 흘러갑니다. 다리 위에서 그저 흘러가는 냇물을 바라봅니다.

5. 지켜보던 냇물 위에 나뭇잎이 하나 떨어집니다. 나뭇잎은 냇물에 실려 물길을 따라 천천히 떠내려가고 있습니다. 그 모습을 가만히 지켜보세요. 물 위에 둥둥 떠 있는 나뭇잎은 돌부리에 걸렸다가 다시 떠내려갑니다. 작은 소용돌이 속에서 뱅글뱅글 돌다가 다시 천천히 물길을 따라 떠내려갑니다.

6. 이번에는 또 다른 나뭇잎이 물 위로 떨어집니다. 그 나뭇잎도 물길을 따라 천천히, 때로는 급하게 떠내려갑니다.

7. 내 마음속에 있던 후회 한 조각도 흐르는 냇물 위에 떨어집니다. 후회의 조각을 태운 나뭇잎이 물길을 따라 천천히 떠내려갑니다. 그렇게 내 시선에서 조용히 사라집니다.

8. 이번에는 인정하지 못했던, 나를 힘들게 했던 나의 모습 한 조각이 나뭇잎에 실려 둥둥 떠내려갑니다. 천천히 내 눈앞에 가까워지다가 이내 시야에서 조용히 사라집니다.

당신의 마음을 붙들어두던 다른 감정도 나뭇잎 위에 띄워 보낼 수 있습니다. 슬픔, 걱정, 분노가 나뭇잎과 함께 떠내려갈 수 있게 해주세요. 떠내려 보낸 나뭇잎의 수만큼 당신의 마음도 한결 가벼워질 거예요.

2부

나를 흔드는 것들

누군가를 정말 좋아할 수 있을까

———

사랑

한때 장안의 화제가 된 드라마 〈나의 해방일지〉를 열심히 시청한 적이 있다. 드라마 속 주인공의 대사에 귀와 마음이 번쩍 뜨였다. 주인공 삼 남매의 인생을 통해서 여러 감정을 느끼게 하는 고마운 드라마였다. 우리의 관계 맺음에 대해서, 나와 타인으로부터 소외된 사람들에 대해서, 그래서 마치 더는 이 세상에 존재하지 않는 것 같은 그런 존재들에 대해서, 그런데도 누군가에게 기대기보다는 자신의 힘으로 살아가려 애쓰는 사람들에 대해서, 용기를 내어 다시 다가가려 하는 사람들에 대해서, 그런 우리의 모습을 담담하게 보여준다.

이 드라마에는 '한숨', '고개를 숙인', '눈을 맞추지 않는', '어깨가 축 처진' 장면이 참 많이 나온다. 어딘가 살짝 고장 난 상태로, 태엽을 감는 대로 꾸역꾸역 힘겹게 돌아가는, 조금은 모자란 듯한, 우리의 모습이 펼쳐진다.

매일 되풀이되는 단조로운 일상에 지칠 대로 지쳐가던 주인공 염미정이 다음과 같은 말을 한다.

"생각해보니까 그런 사람이 하나도 없더라고요. 내가 좋아하는 것 같은 사람들도 가만히 생각해보면, 다 불편한 구석이 있어요. 실망스러웠던 것도, 미웠던 것도, 질투하는 것도 있고. 조금씩 다 앙금이 있어요. 사람들하고 수더분하게 잘 지내는 것 같지만, 실제론 진짜로 좋아하는 사람이 아무도 없어요. 혹시 그게 내가 점점 조용히 지쳐가는 이유가 아닐까…… 늘 혼자라는 느낌에 시달리고, 버려지는 느낌에 시달리는 이유가 아닐까……"

〈나의 해방일지〉 제5화 주인공 염미정의 대사 중에서 이런 독백 같은 말이 참 가슴 아프게 다가왔다. 그리고 정말 우리가 누군가를 순전히 좋아하기만 할 수 있을까, 실제로 무조건적인 사랑을 하는 사람이 있긴 할까 궁금했다.

성인이 된 우리는 조건화된 사랑에 이미 익숙해져서 어느 누군가를 조건 없이 사랑하기가 쉽지 않다.

'저 사람은 나에게 도움을 많이 주니까.'

'이 사람은 나에게 잘해주니까.'

'저 사람은 장점이 많으니까.'

내가 의식적으로 평가하지 않는다 하더라도 사실상 누군가를 좋아하는 데는 이유가 있을 때가 많다. 사람에 대해, 내가 맺고 있는 관계에 대해 가치를 매기고 있다. 즉, 조건화되어 있다는 뜻이다. 그렇다고 조건이 붙은 사랑을 다 나쁘다고 비난할 수는 없다. 우리는 살면서 거의 모든 행동, 생각, 존재 이유까지도 조건을 붙이는 것이 이미 일상화되었다. 그리고 이러한 가치 매기기는 우리가 생존해온 방식이기도 하다. 능력 있는 사람을 만나려고 하고, 신체가 건강한 사람에게 매력을 느끼는 것은 그러한 가치가 생존에 유리하다고 오랜 세월 인류가 진화해오면서 우리 마음속에 각인되었기 때문이다.

인간 중심 상담 이론을 창시한 칼 로저스는 누구나 다른 사람들의 긍정적인 인정과 존중을 받고자 하는 자연스러운 욕구가 있다고 보았다. 이 때문에 우리는 다른 사람에게 인정을 얻기 위해 부모나 친구, 직장 동료 등 다른 사람들이 중요하다고 여기는 가치를 그대로 따르는 경향이 있다. 즉, 자기 자신을 긍정적으로 여기기 위해 타인의 존중이 필요하다는 말이다. 그런 과정에서 타인이 원하는 것, 타인이 싫어하는 것에 더 민감해지고, 자신에게 중요한 사람들의 생각을 거스르는 것을 힘들어한다. 특히 어린아이는 부모의 가치를 따르면서 긍정적인 자기를 경험하기도 하고, 때로는 부모가 중요하다고 여기는 행동을 거부하면서 부모의 질타를 받고 부정적인 자기를 만들어가기도 한다.

"규칙을 잘 지켜야 착한 사람인 거야."
"어른에게 대드는 건 못된 짓이지."
"몸가짐을 단정히 하지 않으면 사람들이 싫어한단다."
"엄마 말도 안 듣는 넌, 엄마 딸이 아니야."

이렇게 조건이 붙은 가치를 그대로 다 받아들이다 보면, 자기 자신을 조건 없이 존중하는 마음을 갖기가 힘들어진다. 공부를 잘할 때만 좋은 아이라 여겨지고, 말투를 예쁘게 할 때만 사람들이 좋아해줄 만한 사람이라 여기게 된다. 그렇게 자신에게 조건이 붙은 인정을 해주듯이, 타인에 대해서도 비슷한 마음을 갖게 된다. 내가 하는 말에 늘 찬성을 해줘야 나를 진정으로 사랑하는 것이라고 인정하고, 내가 어떤 기분인지 알아서 행동해줘야지 좋은 사람이라고 생각할 수 있다.

만약 우리가 성장 과정에서 조건 없는 긍정적인 존중을 받는다면 어떨까? 로저스는 무조건적인 존중과 수용을 통해서 우리 자신을 있는 그대로 경험하고 만날 수 있게 된다고 믿었다. 그만큼 우리가 살아가면서 무조건적인 존중과 사랑을 잊어가고 있다는 말이 아닐까?

무조건적인 사랑을 줄 수 있는 거의 유일한 사람은 어린아이들인 것 같다. 어린아이들은 엄마 아빠의 조건을 따지지 않는다. 그저 엄마 아빠이다. 아직 부모에게서 심리적으로 적절한 분리가 되지 않았기 때문일 수도 있지만, 어쨌든 어린아이들은 엄마와 아빠의 학력도, 수입도, 직업도, 외모도, 성격도 따지지 않는다. 그저 엄마 아빠여서 좋아한다. 조건 없이.

씁쓸하긴 하지만 〈나의 해방일지〉에서 염미정의 진심이 담긴 말은 계속 이어진다.

☕ 직장 동료: 이게 가능할까? 자식새끼도 그러기 쉽지 않은
　　　데…….

　염미정: 한번 만들어보려고요. 그런 사람. 상대방이 이랬다
　　　저랬다 하는 거에 나도 덩달아 이랬다저랬다 하지

않고. 그냥 쭉 좋아해보려고요. 방향 없이 사람을 상대하는 것보단, 훨씬 낫지 않을까. 이젠 다르게 살아보고 싶어요.

염미정은 여기에서 희망을 이야기한다. 사람들에게 상처받고, 뜯기고, 다치고, 지쳐서 곧 쓰러질 것만 같던 주인공이 다시 희망을 품어보겠다고 말한다. 나는 감동했다. 어쩌면 어리석다고 여기는 사람도 있을 수 있다. 하지만 염미정은 쉽사리 바뀌는 다른 사람들의 마음에 기대지 않고, 이제 자기 자신에게 기대어보려 한다고 밝힌다. 자기 자신을 믿고 가보려고 한다. 과거의 상처가 어쨌든 현재의 자기 삶에, 지금의 관계에 충실하겠다는, 무엇보다 자기 자신에게 더 충실하겠다는, 자기실현을 향한 의지가 엿보인다.

칼 로저스는 과거에 연연하지 않고, '지금-여기'에서 현재를 직시하는 것을 통해 문제를 해결한 후에야 앞으로 나아갈 수 있다고 이야기했다. 그래서 그녀의 말이 우리 마음에 더욱 위로가 되는 게 아닐까.

생각하면 좋기만 한 사람
그런 사람 하나만 있다면
앙금 하나 없이
생각하면 좋기만 한 사람이 있다면
- 〈나의 해방일지〉

‘최선’이라는 말에 대한 우리의 오해

————

노력

우리는 '최선'이라는 말을 유독 좋아한다. 온 정성과 힘을 다한다는 의미의 최선. 가장 좋고 훌륭한 상태를 의미하는 최선.

중학교 시절 교실에는 '하면 된다. 안 되면 되게 하라'라고 단정하고 힘 있게 쓰인 붓글씨 액자가 가장 잘 보이는 칠판 윗자리를 차지하고 있었다. 시험을 치를 때마다 선생님께서는 '최선을 다하자'라고 격려해주셨고, 우리는 너 나 할 것 없이 최선을 발휘하기 위해 안간힘을 썼다. 그렇게 '최선을 다하자'라는 주문이자 최면은 나의 내면 깊숙한 곳에 자리 잡았다. 어떤 일에서도 최선을 다하는 것이 모범생의 모습이었고, 닮고 싶은 행동이었다. 성공의 얼굴을 한 것들은 죄다 최선이 낳은 결과일 때가 대부분이었다. 최선을 다한다는 것은, 그만큼 그 일에 힘을 쏟고 정진하는 것이니 어찌 보면 그 결과가 어느 정도 보장된 일이라는 건 분명해 보였다.

중학교, 고등학교, 대학교…… 공부하는 것이 본업일 때는 최선을 다하는 것이 꽤 좋은 결과를 가져다주었다. 공부를 썩 잘하진 못했지만, 나름의 최선을 다한 일에서는 작은 성과들이 쌓여갔다. 최선이 만들어낸 뿌듯한 경험이 차곡차곡 쌓였다. 그러면서 나이를 먹었다.

그런데 이상하게도 어떤 경우에는 옆 동료가 최선을 다하지 않고 설렁설렁 일을 처리하는데 나보다 더 인정받는 느낌이 들 때가 있다. 내가 들인 시간과 정성보다 적은 노력을 들인 것 같은데도, 결과물이 썩 괜찮아 보이지 않는데도, 직장 상사가 더 따뜻한 인정과 보상을 보내준다. 심지어 그 동료가 그럴싸한 일을 맡기도 한다. 시키는 대로 열심히 하며 때로는 새로운 아이디어도 적극적으로 어필하던 나에게 이건 뭔가 억울한 상황이었다. 내가 충분히 노력하지 못한 일에서 동료가 열심히 그 일을 해냈다면, 동료에게 일어난 일이 딱히 달갑지 않을 일도 아니었다. 충분히 축하해줄 수 있고, 진심으로 잘되었다고 함께 기뻐해줄 수 있다. 하지만 내가 돌계단을 하나씩 쌓아가고 있을 때, 동료가 갑자기 엘리베이터를 타고 올라가는 느낌이랄까. 부장님이 동료에게는 계단을 통할 필요 없이 엘리베

이터를 타고 올라가도 좋다고 말했다며 동료가 내 옆을 빠르게 미끄러져 올라간다면? 정말 맥 빠지는 일이 아닐 수 없다.

최선을 다했다고 했을 때, 우리가 그 '최선'의 크기를 객관적으로 비교하긴 어렵다. 사람마다 어떤 사람은 여기까지, 어떤 사람은 저기까지 최선의 정성을 쏟을 수 있다. 능력치도 사람마다 다르다. 한번 들은 명대사를 오래도록 기억하는 사람이 있는가 하면, 달달 외워놓은 글귀를 하루 만에 까먹어버리는 사람도 있다. 분명하고 객관적인 기준선이 없기 때문에 최선은 늘 힘들다. 나는 10번의 스피치 연습으로 프레젠테이션을 준비하는 것이 최선이라고 생각할 수 있다. 옆 동료는 20번은 연습해야 최선이라고 말할 수도 있다. 최선을 다한다는 것의 기준을 뭐로 정해야 할지 100명에게 물어본다면 아마도 100명 모두 다른 기준을 내놓을 것이다. 그렇기에 무엇이 최선이다, 어디까지가 최선이다, 라고 딱 부러지게 선을 그을 수는 없다.

미영 씨는 최선을 다하지 못한 자기 자신을 자책하며 상담실을 찾았다. 그녀가 늘어놓은 말들의 처음과 끝은 모두 최선을 다하지 못한 자기 자신이 밉고 한심스럽다는 얘기였다. 스스로 진단도 내렸다. '게으름병'에 걸렸다는 것이다.

그녀에게 어제 하루의 일과에 대해 말해달라고 했다. 그녀는 아침 기상 시간부터 잠자리에 들기 전까지의 활동을 줄줄이 읊었다. 수면 시간이 긴 것도 아니었다. 성인의 평균 수면 시간을 지키고 있었다. 다만 자신이 바라던 성과가 미미한 것처럼 보였다. 이야기가 나온 김에 한 주간의 일상도 알려달라고 요청했다. 그녀가 내민 일주일간의 다이어리 역시 빈틈없이 빼곡했다. 그녀는 게으름병이라기보다는 오히려 워커홀릭에 가까웠다. 그녀의 다이어리는 빈틈이나 공백을 허락하지 않았다. 그런데도 자신은 늘 최선을 다하지 못하는 게 문제라면서 스스로를 날카로운 비판대 위에 세웠다. 결국 해낸 것이 아무것도 없다면서 슬퍼하고 매일같이 자책했다.

"미영 씨는 왜 그토록 모든 일에 최선을 다하려고 해요?"

"최선을 다하지 않으면, 자신이 어떤 사람이라고 느껴지나요?"

미영 씨는 쉽게 대답하지 못했다. 그녀는 최선을 다한다는 걸 당연한 삶의 가치로 생각했다. 왜 그런 삶의 가치가 자신에게 필요했는지에 대해서는 한 번도 생각해본 적이 없었다.

최선의 진짜 가치는 인생을 충만히 살아갈 수 있게 해준다는 데 있다. 사전적 의미를 찾아보면 다음과 같다.

* 최선

1. 가장 좋고 훌륭함. 또는 그런 일.
2. 온 정성과 힘.

내가 하고자 하는 일들에, 힘 쏟고자 하는 그 무언가에 몸과 마음을 내어주고 정성을 쏟는다는 것은 그 자체로 우리 삶을 풍요롭게 해주는 일이다. 식물에 물을 주고, 볕 좋은 날 창가로 자리를 옮겨주는 것이 영혼에 따스한 온기를 불어넣어주는 것처럼.

최선을 다하는 마음은 어떤 대상에 대해서든, 언제든, 어디에서든 가질 수 있다. 자신을 돌보는 데 최선을 다할 수도 있고, 영어 공부를 하는 데 최선을 다할 수도 있다. 가정의 생계를 꾸리기 위해 돈벌이에 최선을 다할 수도 있으며, 좋아하는 사람의 마음을 얻기 위해 최선을 다할 수도 있다.

최선은 어느 곳에서든, 무엇을 위해서든 할 수 있는 것이다. 그런데도 우리는 최선이라고 하면 치열한 삶의 현장에서 '생산성', '성과', '결과물'을 얻어낼 목적으로 하는 행위라는 협소한 의미로만 사용할 때가 많다. 우리가 '최선을 다한다'는 것의 의미를 성과와 성공을 얻기 위해 반드시 갖춰야 할 자세쯤으로 생각하는 것은 아닐까. 마치 '최선'이라는 문을 열고 나가면 그 앞에 '성취'나 '성공'이 기다리고 있는 것처럼 말이다. 그런 생각에 머무르는 한, 최선은 우리를 계속해서 불만족과 자책의 늪으로 끌어당길 것이다. 열어젖힌 문 앞에 '성공'이 기다리고 있지 않으면, 최선을 다하지 못했다고 느껴질 테니 말이다. 최선이 과정이 아닌 결과로 읽히는 순간이 되어버린다. 최선을 다했다고 해도 결과는 우리 뜻대로 되지 않는다. 우리의 통제 밖에 있다. 그런데도 결과가 좋지 못하면 최선을 다하지 않았다는 그럴싸한 이유로 '최선'의 의미가 전락하고 만다.

최선이란, 과정 속에 있는 자기 자신을 발견하고 자신에 대한 긍정적인 믿음을 가질 때 가장 빛을 발한다. 나에게 정말 가치 있는, 만족을 주는 일에 마음의 힘을 집중해보는 과정 자체에 그 의미를 둘 때 최선을 다함이 빛을 발한다. 그것이 공부라면 공부에 마음의 힘을 집중해본다. 단, 성적과 별개로 마음의 힘을 집중해가는 과정 그 자체에 의미를 두는 것이다. 어려웠던 개념을 분석하고 이해하면서 머리에 싹 스며들 때의 그 짜

릿한 느낌을 오랫동안 기억하며 곱씹어본다.

프레젠테이션을 준비하면서 멋진 그래프를 그릴 때의 뿌듯함에 잠시 머물러볼 수도 있다. 아이의 머리를 땋아줄 때의 그 정성 어린 손놀림과 아이의 설레는 눈빛에 시선을 두면서 마음을 그 과정에 집중해본다. 머리 모양이 예쁘게 나오지 않았더라도, 그걸 진심으로 매만지고 있는 자신의 모습에 의식의 초점을 두는 것이다. 최선이라는 행위의 결과로 자신을 평가하기보다는, 마음의 힘을 쏟고 있는 자신을 그저 어여삐 바라봐 주자. 최선을 다하고도 남는 게 없다고 느끼는 삶과는 다른 만족감이 찾아온다.

"그래도 전 최선을 다하고 싶은데, 그게 잘 안 돼요. 너무 지쳐요."

"매 순간을 최선을 다해 살아간다는 건 쉽지 않은 일이죠. 자동차가 늘 최선을 다해 전력질주한다면, 며칠 후에는 정비소에 들어가야 할 겁니다. 택시처럼 쉬지 않고 영업용으로 운행되는 차량은 가정용 일반 차보다 폐차하는 데까지 걸리는 기간이 꽤 짧지요."

"최선을 다할 수 없는 날에는 차선책을 택해보세요. 자동차가 정비소에 맡겨질 정도라면, 차선책으로 이틀 정도 열심히 운행하고, 하루 정도는 쉬어보는 것도 방법이 될 수 있어요. 하루에 달리는 거리를 좀 조정해보는 것도 고려해볼 만하죠."

매 순간을 최선을 다하며 살아간다는 것은 정말 어렵다. 사람마다 최선을 행동으로 옮기는 깊이와 폭도 다르다. 최선에 할당할 수 있는 능력치도 모두 다르다. 그렇다면 우린 각자의 능력과 깊이 안에서 늘 최선을 다할 수 있을까? 정말로? 최선을 다한다는 것은 그 사람이 가진 인내의 한계를 조금씩 건드리는, 그야말로 시험대에 오르는 일과 같다. 최선을 다한다는 것은 결국 '인내심의 한계를 시험한다'의 다른 말은 아닐까. 38℃의 고열 속에서도 인내심을 가지고 공부를 이어가는 학생도 있을 것이고, 친구의 뼈 있는 농담을 3번까지 참아주는 것이 인내심의 한계일 수도 있을 것이다. 우리가 견딜 수 있는 인내심의 한계 근처까지 가보는 것이 최선이 아닐까 싶다. 인내의 한계를 넘어보거나, 건드려보는 것도 우리 삶에 필요한 도전이다.

한계를 알아가는 것, 한계를 넘어보는 것은 성장하는 데 필수다. 하지만 어떤 일을 할 때마다 매번 자신의 한계를 넘어서야 한다는 것은 너무 가혹하다. 힘을 모으고 모아서, 한 번의 도전을 힘겹게 했다면 휴식하는 시간도 필요하다. 쉼표 없는 인생은 너무 고단하다. 삶이 고단함의 연속이라면 힘이 쭉 빠져

오히려 앞으로 나아가기 어렵다.

최선을 다한다는 것을 폄하하려는 것이 아니다. 오해하지 않기 바란다. 최선의 노력을 기울인다는 것은 여전히 매우 값진 일이고, 최선을 다하지 않고 원하는 바를 이루긴 힘들다. 하지만 반대로 늘 최선만이 유일한 길이라고 생각한다면 우리는 자신을 빠르게 소진시킬 수밖에 없다. 늘 인내심의 한계를 시험하듯 살다가 한순간 무너지기를 반복한다면 과연 그런 상태를 얼마나 버틸 수 있을까. 그럴 때 찾아오는 것이 번아웃 증후군이다. 자신을 다 소진해버려 무기력해지고 우울해진다.

최선을 다하지 못하는 자신을 스스로 인생의 낙오자라 여기지 말기를 바란다. 인생은 어떻게든 계속 앞으로 흘러간다. 자기 인생에서 낙오할 수가 없다. 최선을 다할 수 없을 때는 혹은 최선을 다할 필요가 없는 일에서는 다른 선택지를 만들어보자.

보기 1. '최선을 다하지 않으면 어떻게 될까?' 하고 생각만 해본다.

보기 2. 잠시 하던 일을 멈추고, 하루 뒤에 다시 그 일을 들춰본다.

보기 3. 내가 최선을 다할 때의 70퍼센트 정도로만 힘써본다.

보기 4. 설렁설렁 일하는 것처럼 보였던 친구가 최선이라고 한 걸
그대로 나도 따라 해본다.

보기 5. _____ _____

언급한 선택지가 마음에 들지 않으면, 마지막 칸에 각자의
선택지를 만들어보길 바란다. 최선이 아닌 다른 선택지대로 했
을 때 자신에게 어떤 일이 생기는지 그 경험을 잘 기억해두면
도움이 된다. 후회와 실망하는 일이 생길 수도 있고, 생각보다
괜찮은 선택이었다고 자부할 수도 있을 것이다.

후회되는 부분이 있다면 무엇을 바꿔야 덜 후회가 될지를
좀 더 구체적으로 생각해보면 된다. 그냥 '그렇게 하지 말걸. 후
회돼!'라고 단정하는 마음보다 구체적으로 어떤 요소를 바꾸면
좀 달라질지를 살펴보는 것이다. 이때도 큰 부분을 바꾸려 하
기보다는 작고 사소해 보이는 부분을 조금씩 다르게 해보는 것
만으로도 다른 경험 혹은 다른 결과를 가져올 수 있다. 오히려
삐끗하는 경험 속에서 자기 자신을 더 잘 알아가는 데 도움을

얻을 수도 있다. 오류를 설명해줄 수 있는 데이터가 많이 쌓일
수록, 나중에 정말로 최선을 다해야 할 때 어떤 식으로 달려가
야 할지에 대한 답을 알려줄지도 모르니까 말이다.

다정함으로 존재하기

인간관계

사람들이 여럿 모인 자리, 쉼 없이 말이 오간다. 분위기를 주도하듯이 거침없이 입담을 쏟아내는 외향인들 틈에서 조용히 숨만 내쉬는 사람이 있다. 마치 주변인처럼 그 무수히 쏟아지는 말들 속에서 잠시 혼자가 되는 사람.

나는 종종 이런 경험을 한다. 얼마 전 나간 모임에서도 그랬다. 왕왕 있는 일이지만, 그날따라 사람들의 말은 꼬리에 꼬리를 물고 몇 시간 내내 이어졌다. 만약 내 앞에 동굴이 있다면, 그 속에 들어가 몸을 피하고 싶은 심정이었다. 동굴을 가로막고 있는 폭포수는 여전히 거침없이 아래로 떨어지며 거친 물방울로 얼굴을 때리겠지만, 그 안에서 잠시 숨 고르기를 할 수는 있을 테니. 속사포처럼 이어지는 누군가의 말에 귀를 기울이던 중 나에게도 어떤 생각이 떠오른다. 입을 달싹이며 말할 기회를 찾는데 쉽게 끼어들기가 힘들다. 말이 섞여들며 힘겨루기하는 지점을 용케 건더낼 수 있는 자만이 말할 기회를 포착할 수 있다. 그러지 않으면 말은 목구멍에서 맴돌다 결국 입 밖으로 나오길 포기한다. 이러기를 몇 차례, 이제는 아예 그들의 시선 속에 '나'라는 사람이 있기를 포기해버리고 만다. '여기'에 있지만 그 주변을 서성이는 사람으로만 존재한다.

그렇게 모임을 마치고 집으로 가는 발걸음이 가벼울 리 없다. 내 존재가 누군가의 마음에 담기지 못했다는 사실이 뒤늦게 와 닿는다. 정신없이 대화 내용을 따라가느라 놓쳤던 내 마음이 그제야 잡히기 시작한다. 과연 그 사람들은 내가 그곳에 있었다는 걸 기억할까? 기억은 하지만, 내가 그 순간에 어떤 마음으로 있었는지 아는 사람이 있었을까? 그들은 나를 어떤 사람으로 기억할까? 그런 생각에 머무르니 헛헛함이 밀려온다.

그 모임은 늘 비슷하다. 비슷한 사람들이 비슷한 주제로 만나는 모임이다. 처음 몇 번은 그러려니 하고 말았지만, 이런 일이 되풀이되면서 무력감이 들기 시작했다. 어딜 가나 목소리를 높이는 편은 아니지만 좋아하는 사람들 틈에서 그리 말을 아끼지 않는 나인데, 그 모임에서는 유독 대화의 기를 펴질 못하는 나를 발견하곤 한다. 그런 날엔 '외롭다, 헛되구나, 쓸쓸하다,

쓸쓸하다' 같은 엇비슷한 감정들이 고구마 줄기처럼 엮어져 나온다. 또 그랬구나, 하고 옅은 절망감도 올라온다. 사회적 존재로서 가치를 부정당한 것 같다고 느끼는 사이, 마음에 작은 생채기가 난다.

우리는 사회적 관심 속에서 살아간다. 그래서 인간을 사회적 존재라고 말한다. 인간이 사회화되는 과정을 거치지 못하면 우리는 반사회적인 인간으로서 부적응이라는 숱한 어려움을 겪으며 살아가게 된다. 가정에서의 밥상머리 예절, 학교에서의 교육, 친구들과 맺는 우정 속에 숨겨진 사회화를 통해 우리는 사회적 존재로 살아갈 수 있는 많은 것을 배운다. 사회화 과정에서 우리가 체화하는 가장 익숙한 느낌 중 하나가 소속감인 이유가 그것이다. 다른 사람들과 어울려 사는 데 필요한 기술을 배워가면서 당연히 어딘가에 소속되고 그 존재를 인정받는 것의 가치가 내면화된다. 그렇게 탄생한 사회적 존재라는 말의 반대편에 외로움이라는 감정이 있다.

나와 당신은 이 세상의 일원인 동시에 각자의 삶에서 주인공이다. 그래서 나와 당신이 지닌 개별성, 고유성은 필요하다. 나와 당신으로 구분되는 인격이 없다면 '나'는 그 누구도 아니고, 다양한 사람들 속에 '나'라는 특별한 존재로 있을 수도 없다. 그러니 외로움이라는 감정은 어찌 보면 인생에 필수불가결한 감정인지도 모른다. 외따로 있을 수 있어야 우리라는 집단 속에서도 존재할 수 있으니, 우리는 애당초 외로움과 친구가 될 수밖에 없는 게 아닐까.

그래서 외로움과 쓸쓸함을 견딘 오늘 모임의 '나'에게 애썼다고 다독여주련다. 주변인으로 서성거리던 시간을 견디고, 잠시 숨죽였지만 잊히지 않고 존재했던 나에게 말이다. 세상은 남들 앞에서 당당히 말하고 드러내어 표현하는 것을 치켜세우지만, 그 이상으로 누군가의 말에 귀 기울이는 것은 더 어려운 일이다. 특히 요즘처럼 그 누구도 들으려고 하지 않는 세상에서 잘 듣는다는 것은 더 귀한 일이다. 듣는다는 것은 나에게만 향해 있던 마음의 항해를 타인에게로, 세상으로 향하도록 돛의 방향을 바꾸어보는 것이다. 자신의 마음이 주변으로 뻗어나갈 때 우리는 사회에 도움을 주는 사람이 될 수 있다.

개인심리학을 창시한 알프레드 아들러는 우리가 나 자신을 넘어서서 내 주위에 함께하는 사람들까지도 아우를 수 있을 때 그 개인과 사회가 함께 건강해진다고 보았다. 즉, 공동체로 주의를 돌려볼 수 있는 사람을 심리적으로 건강한 사람이라 본 것이다. 잘 듣는다는 것은 내 안에 칩거하고 내 것만 움켜쥐고 있는 것과 반대 방향에 있다.

또한 우리는 잘 들음으로써 내 안의 자아와도 더 깊이 만날 수 있다. 내 안의 자아는 홀로 저절로 만들어지는 것이 아니다. 나를 바르게 비춰주는 세상의 거울을 통해서 더 풍부하고 견고하게 자라난다. 거울이 나의 빛나는 모습을 비춰줄 때도 있지만, 어둡고 추악한 면을 비출 때도 있다. 어느 날은 나도 몰랐던 나의 아픈 부분을 비추고, 어루만지기도 한다. 다른 사람들이 들려주고, 또 내가 소화한 모습들이 조금씩 내 안에 자리 잡는다. 그래서 잘 듣는다는 것에는 용기가 필요하다. 원치 않는 나의 모습, 보고 싶지 않았던 타인의 그림자, 세상의 추악함에도 그대로 노출될 수 있기 때문이다. 하지만 그 용기로 오히려 자신을 더 당당히 마주할 힘이 생긴다. 빛이 비치는 곳에는 그림자가 있듯이, 아름다운 모습 뒤에는 못난 모습도 있다. 잘 들음으로써 그것을 끌어안을 수 있다. 사람들의 소소한 대화에는 나와 타인의 빛과 그림자 모두가 함께 녹아 들어가 있기 때문이다.

혹자는 인간에게 입이 하나이고, 귀가 두 개인 것은 말하는 것보다, 잘 듣는 것이 더 중요하기 때문이라고 한다. 주변인으로 서성이며 듣는 그 마음이 때로는 용기의 부족 때문일지라도, 누군가는 그 부족한 용기로라도 듣는 수고를 감당해주고 있기 때문에 말하는 사람도 힘을 얻을 수 있다. 주변인으로 듣는 마음에는 헤아림이 있고, 그 헤아림이 우리를 혜안으로 이끌어줄 수 있다.

누구나 자기 이야기를
잘 들어주기를 바라는 세상에서
귀를 열고 들어주는
사람은 귀하다.

당신은 다른 사람의 마음을 모른다

다 안다는 착각

심리학을 전공하면서 미팅 자리에서 제일 많이 들은 말이 "혹시 제 마음을 꿰뚫어 보시나요?"였다. 심리학이 인간의 내면을 탐구하는 학문임은 다들 아는 사실이지만, 특정인의 마음을 얼굴만 보고, 혹은 몇 마디 인상적인 대화를 나눴다고 해서 즉시 간파할 수 있는 것은 아니다. 그런 희귀하고 영험한 기운이 내게 있었다면, 아마도 나는 심리학을 배우지 않았을지도 모른다.

인간의 내면 심리는 탐구하고 또 탐구해도 여전히 아리송하다. 어떤 때에는 맞는 말로 들리는 것이, 누군가에게는 적용되지 않기도 한다. 심리학이라는 학문은 인간의 보편성에서 출발하여 인간이 겪을 수 있는 다양한 내적 현상을 과학적으로 분석하고 기술하고 응용하는 학문이기에 그 활용 가능성이 무궁무진하다.

하지만 인간의 개별성에 관한 탐구는 여전히 쉽지 않다. 보통 비슷한 집단을 묶어서 그들의 특성을 여러 변수에 대입해가면서 공통점을 찾아내는 연구는 정말 많다. 하지만 그들 각각의 다른 특성을 규명해내는 연구는 그에 비해 아직도 턱없이 부족하다. 집단적 속성을 통해서 개인을 유추하는 데에 능통하지만, 각각의 인간이 지닌 고유성을 하나하나 일일이 뜯어보긴 어렵다는 뜻이다. 대표적인 예로, 같은 MBTI 유형에 속한 사람이라 할지라도, 어떤 부분에서는 비슷한 특성을 공유하지만 하나하나 뜯어놓고 보면 그렇게 다를 수가 없다. 비슷한 성질로 묶어도, 그 안에는 고유한 성질을 포함하고 있는 이질적인 집단일 때가 많다. 그러니 심리학을 배웠다고 해서 한 사람의 인생사를, 그 내면을 모두 꿰뚫어 볼 수는 없다. 다만 조금 더 실패를 줄여가며 유추해볼 수 있을 따름이다.

그런데도 많은 사람이 누군가에 대해 아주 잘 안다고 착각한다. 특히 배우자나 자녀, 부모 그리고 가까운 친구 등 그 심리적 거리가 가깝다고 생각되는 사람들에게서 그런 오류를 자주 볼 수 있다.

엄마로서 자녀를 속속들이 잘 알고 있다고 자신했지만, 정작 아이의 속마음을 가장 모르는 사람이 엄마일 수 있다. 엄마는 아이에게서 자신이 보고자 하는 것을 보려고 애쓸 수 있다. 부정적인 측면을 고치는 걸 중요하게 생각하는 부모라면 아이의 부족한 면, 개선이 필요한 면에 대해서 상세히 알고 있을 수 있다. 하지만 아이가 가진 장점이나, 아이가 미래에 펼칠 수 있는 재능에 관해서는 관심을 덜 둔다. 지금 부족한 면을 고치지 않으면 미래에 있을 좋은 기회를 놓칠 수도 있다는 예기불안anticipatory anxiety으로 아이를 계속해서 부족한 사람으로 몰아갈 수 있다. 반면에 우리 아이는 도덕적으로 흠결이 없다고 믿는 부모라면 아이가 하는 사소한 실수나 생각 없이 저지른 행동에 크게 분노하여 결과적으로 아이 스스로 쉽게 죄책감에 빠져들게 한다. 이러한 죄책감의 힘은 실로 대단하다. 아이는 자신을 '나쁜' 사람으로 규정하기 쉽다. 겉으로 하는 착한 행동 뒤에 사실은 나쁜 마음이 있기 때문에 자신이 자기뿐만 아니라 주변 사람들을 속이고 있다는 자괴감에 빠져들기도 한다.

이처럼 타인에 대해, 그리고 타인의 마음을 이미 내가 정확하게 알고 있다고 생각하는 사람일수록 자기 관점을 벗어나 타인을 투명하게 볼 수 없는 문제에 빠진다. 이미 타인의 마음을 충분히 알고 있기 때문에 더 알아볼 필요도, 물어볼 필요도 없다고 여긴다. 이미 안다고 생각하는 일에는 더는 호기심이 생기지 않으니 당연한 일이다. 그렇게 조금씩 타인의 마음에서 멀어지고, 타인의 속마음을 점점 더 모르게 되는 와중에 잘 안다는 착각은 어느새 믿음으로 바뀐다. 과연 우리는 타인의 마음을 정확히 읽어낼 수 있을까?

사실상 타인의 마음을 정확히 추측하는 것은 거의 불가능에 가깝다. 어떤 사람이 얼굴을 찡긋거렸을 때, 우리는 그가 무언가 불쾌한 경험을 했을 거라는 정도는 쉽게 알아차릴 수 있다. 하지만 그 불쾌한 경험의 내용이나 종류, 수위에 대해서는 정확히 알지 못한다. 자신을 민감하다고 자부하는 사람들일수록 타인의 마음을 잘 꿰뚫어 본다고 믿는 경향이 있다. '역시나 내 생각이 맞았어, 그럴 줄 알았다니까' 하는 식으로 말이다. 하지만 대부분 타인의 감정 변화는 그럭저럭 포착할 수 있어도 감정 변화의 내용에서는 잘못된 추측을 할 때가 허다하다.

'아마도 아빠는 무시당했다고 생각해서 화가 났을 거야.'

'남편이 계속 저렇게 누워만 있는 건 나랑 말하기 싫다는 거겠지.'

'엄마가 날 의심하고 있으니까 나에게 그렇게 말할 수 있는 거야.'

'나한테 그런 식으로 행동한다는 건 내가 싫어서일 거야.'

'부장님이 날 무능한 사람으로 보고 있는 게 틀림없어.'

상대방이 화가 났다거나, 날 무시한다거나, 의심한다거나 하는 식의 겉으로 드러난 감정도 일단 확인이 필요하다. 정말 화가 난 것이 맞는지, 정말 의심이 드는 것인지 말이다. 또한 상대방이 그런 감정 상태에 도달하게 된 원인을 추측할 때는 더더욱 확인이 필요하다. 상대방 입장이나 마음을 충분히 고려하지 않고, 이런저런 추측을 하다 보면 결국 추측하는 사람 마음대로 생각하기 마련이다. 여기에는 상대방의 실재하는 모습은 없고, 추측하는 사람의 생각과 감정으로만 가득해진다. 여러 가능성이 있는데도 한 가지 방식으로 추정하고 그것을 사실이라고 믿는 오류를 범하기 일쑤다.

타인의 마음을 제대로 읽기 위해서는 먼저 자신이 쓴 안경이 정말 투명한가를 살펴봐야 한다. 안경에 이미 어떤 색깔이 들어가 있다면 타인의 마음도 그 색을 통해서 볼 수밖에 없다. 예를 들어 빨간색의 렌즈를 끼워 넣었다면, 기본적으로 세상은 빨갛게 보일 것이다. 파란색 렌즈는 어떤 물체나 사람을 보더라도 푸른빛이 서려 보일 것이다. 우리 마음에 가지고 있는 생각과 상식이라고 여겨온 기준, 상대방에게 원하는 것, 내면의 욕구라는 창을 통해 우리는 상대방을 볼 때가 많다. 평소 스스로가 가지고 있는 이러한 생각이나 감정, 욕구에 대해서 의식적으로 알아차리지 못한다면, 더더욱 자신이 쓴 안경이 무슨 색깔로 덧입혀졌는지조차 알지 못한 채로 그저 세상을 투명하게 잘 보고 있다고 착각할 수 있다. 그렇기에 내가 자라온 방식대로, 내가 믿어왔던 가치관대로, 이전에 경험했던 몇 안 되는 단편적인 사례들로 타인의 마음을 읽으려 한다면 큰 오류에 빠지기 쉽다.

투명한 안경으로 상대방을 있는 그대로 볼 때, 그 사람이 온전히 눈에 들어온다. 상대방이 가지고 있는 고유한 색깔이 제대로 보이기 시작한다. 그러려면 내가 가진 안경이 색안경이라는 사실부터 인정해야 한다. '아직 잘 알지 못한다'는 자세도 큰 도움이 될 수 있다. 이런 자세는 상대방에게 호기심을 가지고 진정으로 타인의 마음을 알아갈 여지를 만들어준다. 내가 아직 잘 알지 못하기 때문에 더 물어보고, 상대방의 말에 집중하게 한다. 상대방의 그림에서 여전히 비어 있는 부분을 내 임의대로 메꾸지 않고 상대방에게 맡겨둔다. 그 그림이 오롯이 상대방을 통해 드러날 수 있도록.

오랜 기간 상담받는 분들을 만나다 보면, 상담사인 내게도 종종 시련이 찾아온다. 잘 안다고 믿었던 내담자분들이 어느 날 상담사를 오해한 것 같다고 고백하거나, 섣불리 그 사람을 속속들이 다 안다고 착각하고 내뱉은 말로 인해 내담자가 속상했다는 얘기를 털어놓기도 한다. 아주 난감한 상황이 아닐 수 없다. 상담사이기에 더 민감하게 상대의 말에 귀 기울이고 있다고 생각했지만, 어느 순간 이제 상대에 대해 다 안다고 생각하고 이런 말쯤은 생략해도 내 의도를 알아채겠지 하고 넘어갈 때가 있었던 것이다. 이처럼 오랫동안 관계를 유지해온 사람일수록 이러한 '마음 읽기'의 오류에 쉽게 빠져들 수 있다.

오래 알고 지낸 사이일수록, 서로가 서로에 대해 잘 안다고 생각하기 쉽기 때문이다. 상대방이 자주 보였던 행동과 습관에 비추어서 상대의 말과 행동의 의도를 지레짐작하고 추측한다. 그 예측이 자주 들어맞는다고 할지라도, 어떤 경우에는 비슷한 행동이라 할지라도 다른 의도나 뜻을 담고 있을 수 있다. 그런데도 우리는 '분명히, 틀림없이 그런 걸 거야!'라고 확신하곤 한다. 심지어 상대방이 했을 생각까지도 정확하게 안다고 믿는다. 겉으로 드러나지 않는 내면의 생각과 감정을 본인보다 더 잘 알고 있다고 믿는다. 그러다 보니 상대방이 그런 게 아니라

고 바로잡아주려 할 때조차도 자신의 믿음을 수정하지 않고 집
착을 보이기도 한다.

비폭력 대화에서는 사람들이 이처럼 사실(실제로 있었던 일,
실제로 한 행동, 말 등)과 의견(속으로 판단하고 있는 생각)을 구분하
지 않고 말해서 인간관계에서 갈등을 많이 겪는다고 지적한다.
우리가 속으로 내리는 가치 판단의 과정을 거쳐 나오는 것이
의견이다. 사람들은 사건fact에 의견 덧붙이기를 아주 무의식
적으로 해버린다. 그래서 비폭력 대화에서는 사실과 의견을 떼
어놓는 훈련을 한다. 예를 들어, 아내가 설거지하면서 그릇을
내려놓을 때마다 '쨍쨍' 하는 소리를 낸다. 이를 멀리서 지켜보
던 남편은 아내에게 이렇게 말한다.

"당신 왜 그리 신경질적으로 설거지하는 거야? 그러다 그릇
깨지겠어!"

아내는 신경질이 난 것이 아니라, 그날따라 고무장갑이 미
끄러워 그릇이 손에서 미끄러져 나갔던 것뿐이다. 아내도 남편
의 말을 들으면서 '내가 언제 신경질을 냈다고 저래?' 하는 의아
한 마음과 짜증이 스멀스멀 올라오기 시작한다. 남편이 목격한
사건에서 사실은 무엇이고 의견은 무엇일까?

• 사실: 아내가 설거지를 한다. 설거지할 때 '쨍쨍' 하는 그

릇 부딪치는 소리가 난다.

- 의견: 아내가 신경질적이다. 그릇이 깨질까 봐 걱정스럽다. 신경질적으로 설거지하는 것 같아서 '쨍쨍' 소리가 듣기 싫다.

사실과 의견만 잘 구분해서 보고 들으려 해도 우리가 겪는 갈등을 상당수 줄여나갈 수 있다. 잘 알고, 익숙한 사이일수록 상대방의 행동에 나의 의견을 추가해서 해석하려는 경향을 자주 보인다. 그러니 적당한 거리에서 상대방을 보려는 노력이 필요하다.

이해가 가지 않는 나의 가족을 외계인이라고 잠시 생각해보면 어떨까? 외계인과 대화하기 위해서 우리는 먼저 열심히 상대를 관찰할 것이다. 어디에 대고 이야기를 해야 할지, 어떤 언어를 써야 할지, 상대방이 어떤 상태인지 관찰해야 한다. 아무것도 모른다고 가정해야 하므로 오히려 우리의 눈과 귀를 더 열어놓게 된다. 그런 마음으로 '아빠는 외계인', '우리 딸은 외계인'이라고 잠시 생각해보자. 나와 조우하기 위해 내 앞에 나타난 외계인이라고. 상대와 주파수를 맞추기 위해 자신을 새롭게 세팅하고 싶어질 것이다.

그 사람을 향했던 시선이 내게로 오는 시간

———

이별

우리는 살면서 다양한 이별을 경험한다. 이별의 사전적 의미는 "서로 갈리어 떨어짐"이다. 보통은 애착을 어느 정도 맺고 지내던 사람과 멀어지는 것을 이별이라고 부른다. 오늘 잠시 만났던 사람, 스쳐 지나가는 사람과 갈려 떨어지게 되는 것을 이별이라고 하지는 않는다. 그래서 이별이라는 말에는 슬픔과 그리움이 서려 있다.

그중에서도 연인 관계의 이별은 참 아프다. 시간이 지나면 서서히 이별이 남긴 아픈 감정이 옅어지고 기억의 흔적도 희미해져 가지만 말이다. 이별이 남긴 고통을 덜어내고 옅어지는 시간이 어떤 이에게는 서너 달의 짧은 기간일 수 있고, 어떤 이에게는 몇 년의 기간일 수 있다. 그만큼 사람마다, 관계마다 이별을 감내하는 기간은 천차만별이다. 하지만 몇 년의 기간이 필요할 정도로 이별과 작별하지 못하고 고통스럽게 살아간다면 우리의 영혼은 과연 온전할 수 있을까?

아니 에리노Annie Ernaux의 소설 《단순한 열정》의 주인공은 '그 사람, A'와 뜻밖의 이별을 한 뒤 2년 동안 지나간 사랑을 끌어안고 있다. 주인공인 그녀에게 이별은 과거로 사라진 추억이 아닌, 지금의 열정을 쏟을 수 있는 또 다른 사랑이었을지도 모른다. 그녀는 '그 사람'이 떠난 후에도 '그 사람'의 행적을 곳곳에서 찾는다. 다른 사람들과 대화를 하던 중에도 문득 '그 사람'이 느꼈을 법한 감정에 갑작스레 공감하곤 행복해하기도 한다. 마치 그 사람이 지금 현재의 관계 속에 있는 사람처럼 말이다. 추억으로 간직되는 과거의 사람이 아닌, 지금의 나를 웃게 만들고 기대하게 만들고 울게 만드는 현재의 사람으로 남아 계속해서 그녀의 삶에 튀어나와 그녀의 정신을 주무른다. 그의 살결과 가랑가랑한 목소리는 과거의 것이었지만, 마치 지금 이 순간에 함께 있는 듯 생생해서 전화가 걸려올지도 모른다는 '추측'은 어느새 그렇다는 '믿음'으로 바뀐다. 그런 굳은 믿음을 가졌던 자신을 새삼 발견하고는 뒤늦게 현실의 자신을 마주한다. 하루를 공허한 기대감으로 보낸 사실에 머쓱해져서 자괴감마저 몰려온다. 한편으로는 그렇게라도 하루를 희망 속에 살

수 있었다는 사실에 감사하는 마음이 올라오기도 한다. 그녀
는 '그 사람'과 이별했지만, 그 어느 때보다 열정적으로 '그 사람'
을 기억하며, 과거가 아닌 현재에 '그'를 데려다놓는다. 그렇게
2년의 세월 동안 '떠남'과 '들여놓음' 사이를 부지런히 오고 가는
그녀는 이후 '그 사람'과의 만남과 사랑, 떠나보냄에 이르는 열
정적인 시간을 이렇게 회고한다.

그 사람 덕분에 나는 남들과 나를 구분시켜주는 어떤 한계
가까이에, 어쩌면 그 한계를 뛰어넘는 곳까지 접근할 수 있
었다. (…) 나는 내 온몸으로 남들과는 다르게 시간을 헤아리
며 살았다. 나는 한 사람이 어떤 일에 대해 얼마만큼 솔직하
게 말할 수 있는지도 알게 되었다. 숭고하고 치명적이기까지
한 욕망, 위엄 따위 없는 부재, 다른 사람들이 그랬다면 무분
별하다고 생각했을 신념과 행동, 나는 이 모든 것을 스스럼
없이 행했다. 그 사람은 자신도 모르는 사이에 나를 세상과
더욱 굳게 맺어주었다.

그제야 비로소 '그 사람' 그리고 '그 사람과의 관계'와 작별
하면서 그녀는 더 자유로워지는, 자기 자신에 대한 새로운 열

정을 발견한다. 작별은 그 사람과 그 관계에, 그리고 '그 사랑을 껴안고 놓지 못했던 나 자신'에게 "안녕 잘 있어" 하고 인사를 건네며 떠나는 것이다.

작별의 순간을 맞이하기까지 우리의 이별은 수없이 많은 발자취를 남긴다. 다시 가고, 다시 오고, 망설이고, 질척이고, 더 가까이에 두었다가, 멀어졌다가, 굳게 마음먹었다가, 스르르 무너지기를 반복하는 고독한 발자취를 남긴다. 그만큼 여러 번 흔들리고, 치사해졌다가, 성숙해졌다가 하는 숙성의 과정을 매우 힘들게 거치면서 우리는 이별과 조금씩 작별할 준비를 해간다.

그래서 어찌 보면, 이별에 작별을 고하는 과정은 우리가 한 인간으로서 성숙에 이르는 길과 크게 다르지 않다. 성숙이라는 큰 산으로 이르는 여정 중에 만나게 되는 언덕배기 어디쯤이 아닐는지. 아마도 이별의 고단한 일상을 마주하고 있는 분들은 묻고 싶을지도 모른다. 이런 이별을 몇 고비 넘고 나면 다음번 이별에선 조금 더 가벼울 수 있는지, 성숙이 이별을 이겨낼 힘을 줄 수 있는지를.

여기에 대한 답을 많은 심리학자가 찾고자 했다. 여러 심리학 연구에서 이별의 아픔은 성장으로 이어진다는 것을 발견

했다. 이별 경험을 제대로 처리하지 못하고, 외상적 고통 속에 던져져 그대로 머물 때는 우울함이나 외상 후 스트레스 장애 PTSD와 같은 심각한 정신적 상태에 놓일 때도 있었지만, 긍정적인 성장을 보일 때도 많았다. 어떤 사람들은 이별을 경험한 후에 자기가 더 확장되는 경험을 하기도 했고, 대인관계에서 수용의 폭이 더 넓어진다거나, 동반자를 찾고자 할 때 자신과 잘 맞는 사람인지 아닌지를 파악하는 능력이 향상되었다고 보고한다. 즉, 이별의 아픔을 극복하는 과정을 통해 사람들과 세상에 대한 믿음을 다시금 회복하여 오히려 이별을 겪기 이전보다 더 성장하는 긍정적인 변화를 보인다는 것이다.

정말 놀라운 일이 아닐 수 없다. 아픔이 우리를 성숙시킨다는 말이 있듯이, 그 아픔을 응축하여 돌려주는 이별의 과정이 이처럼 놀라운 변화를 우리에게 준다는 것은, 어찌 보면 선물과도 같다. 내게서 떠나간 사람 대신으로 남겨준, 더 값진 선물이 아닐까.

이별은 어쩔 수 없이 우리 자신을 돌아보게 한다. 내가 그 사람에게 어떤 사람이었는지, 그 사람이 없는 나는 이제 어떤 사람인지, 어떻게 살아갈 수 있을지, 무엇을 하며 즐거움을 찾을 수 있을지, 그 사람이 아닌 또 어떤 사람을 좋아하게 되고,

싫어하게 될지…… 나 자신에게 질문을 던지고 고민하게 만든다. 그 사람을 향해 있던 시선을 이제는 내게로 향하게 한다. 그 사람과 함께하지 않는 앞으로의 무수한 시간 속에서도 나는 무엇으로 살아갈 수 있는지 이제 자신의 마음에 귀 기울여보기를 바란다.

연인으로 발전해가면서 우리는 우리 자신보다는, 그 사람을 향해 해바라기를 한다. 그 사람이 어떤 밥상에서 끝까지 젓가락을 놓지 못하는지, 어떤 가구와 그릇, 음악이 흐르는 카페에서 발걸음을 멈추는지, 어떤 향수를 뿌린 날에 더 오래 끌어안는지, 그 사람의 마음에 드는 것들이 무엇인지에 온통 관심이 쏠린다. 그러면서 새로운 세상을 경험한다. 밥을 먹지 않아도 배고픈 줄 모르고, 결코 일어나 본 적이 없는 시간에 알람 소리가 없어도 저절로 눈이 떠진다. 그렇게 모든 감각 세포가 그 사람을 향해 있어 세상은 그 사람과 나를 중심으로 돌아간다. 어떤 사람도 필요치 않게 되는 둘만의 세상으로 빠져 들어간다. 그랬던 세상의 반쪽이 지금은 나와 다른 곳에서, 전혀 다른 세상을 마주하고 있다. 어제까지 같은 세상에 있던 사람이 지금은 다른 세상에 속해 있다.

해바라기만 하느라 자신이 누구였는지를 오랫동안 잊고 있었던 사람은 이별 후에 자신의 이야기를 새로 써나가야 하는 지점에서 방황하기 쉽다. 그렇기에 이런 분들은 자신을 알아가는 것이 더욱 절실하다. 그 사람을 향해서 공들여왔던 시선을 거둬들이고 이제는 나 자신을 위해 공을 들여야 한다. 상대가 어떤 음식을 어떻게 요리한 걸 좋아하는지 궁금했던 것처럼 자신이 좋아하는, 마지막까지 아쉬워하며 입맛 다시게 만드는 음식이 뭐였는지 찾아 먹어보는 건 어떨까. 어떤 메이크업이 날 돋보이게 했었는지, 이렇게 저렇게 예쁜 빛깔을 입혀볼 수도 있다. 아직 가보진 못했지만 마음속에 넣어두었던 여행지로 훌쩍 떠나 의도한 고독을 즐기고 오는 것도 좋은 방법이다. 이제는 그 사람이 아니라, 온전히 나 자신과 함께하는 여행으로 채워보는 것이다.

이별 후의 새로운 이야기는 이렇게 다시 자기 자신을 주인공으로 하여 내용을 하나둘 더해가면서 써 내려간다. 때로는 의도적으로 그 사람과의 만남에서 자신이 얼마나 멋진 사람이었는지를 떠올려보는 것도 좋다. 그렇게 멋진 나와 또 멋진 그가 만나 아름다운 사랑을 했었고, 그 결실로 누구도 가질 수 없는 추억을 새길 수 있었다는 사실에 감사를 보낸다. 의도적으로 돌이켜봄으로써 우리는 성장해갈 수 있다. 부족했던 부분은 조금씩 더 채워나가고, 충분했던 것들은 감사함으로 기억한다. 비록 지금 이 순간에는 이러한 성장통을 겸허히 받아들일 수도, 너무 아파서 내뱉을 수도 없다고 해도 언젠가 그 이전과는 또 다른 나로 한 걸음 나아가고 있을 것이다. 어렵고도 힘겨운 한 걸음, 때로는 반걸음이 자신이 가야 할 길을 만들어갈 것이다. 그 길이 어디로 닿을지는 모르지만, 절대 멈춰 있지 않았음을 뒤돌아보았을 때 알게 된다.

과거의 슬픔은 잠시 거기에 두고, 과거의 슬픔 위에 새로운 길을 만들 수 있다. 필요하면 그 길을 따라가 다시금 그 슬픔과 만나고 올 수도 있다. 그리고 그 길을 다시 가면 된다. 길을 오고 가는 것을 두려워할 필요는 없다. 길은 그러라고 있는 거니까.

이별에 작별을 고하는 과정은
우리가 한 인간으로서 성숙에 이르는 길과
크게 다르지 않다.

내 안의 상실에 애도를 표합니다

———

상실

오늘 지인 어머님의 부고 소식을 듣고 마음이 무거운 하루를 보냈다. 아마도 지인은 더 큰 마음의 상실을 경험하고 있을 것이다. 이 세상에 태어난 이상, 모두가 공평하게 반드시 마주할 수밖에 없는 단 하나의 사건은 바로 죽음이다.

다시 만날 수 없는 무지개다리를 건너가는 이별은, 영원한 육신의 상실을 맞이하는 과정과도 같다. 떠나간 분을 우리는 마음속에서 오래도록 기억하고 추억할 수 있기에 모든 죽음을 모든 것의 상실이라고 말할 수는 없다.

원치 않아도 나이가 들어갈수록 상실의 경험은 더 자주 찾아온다. 마흔을 훌쩍 넘기면 이제는 결혼이나 갓난아기의 백일, 돌 맞이를 축하하는 일보다는 누군가의 상실을 위로하며 곁을 지켜주어야 할 일이 더 많아진다. 나이가 들고 성숙해가는 과정은 어찌 보면, 이러한 상실을 더 겸허히 받아들이면서 우리의 삶이 유한할 수밖에 없다는 것을 온 마음과 몸으로 알게 되는 과정이라고도 볼 수 있다.

그렇다고 해서 번번이 찾아오는 상실이 덜 아픈 것은 아니다. 나와 가족, 가까운 주변 사람에게 일어난 상실이라면 그것이 한 번이든, 서너 번이든 아프고 쓰린 건 매한가지다. 그래서 많은 분이 상실 속에서 삶이 전복되는 경험을 한다. 이제까지 자신을 지탱하는 세상의 축이 흔들리며, 격렬한 진통을 겪는다. 어떤 분들은 무덤덤하게, 마치 슬픔이 말라버린 사람처럼 보이기도 한다. 하지만 상실의 아픔을 제대로 풀지 못하면 언젠가, 어떤 방식으로든 그 사람의 삶에 흔적을 남기고 기어이 탈을 내고야 만다. 이것이 애도가 필요한 이유이다.

애도는 자신에게 의미 있는 대상을 상실함에 따른 슬픔과 정신적 고통, 아픔을 서서히 극복하고 평정을 찾아가는 과정을 말한다. 애도는 상실에 따른 정상적인 심리적 반응에 대해 열린 마음으로 접근한다. 슬픔을 부정하지도, 억제하라고도 하지 않는다. 30분 울어야 할 일에 대해서 5분만 울고 그만 치워두라고 하지 않는다. 상실을 부정했다가, 다시 현재의 상실과 마주하기를 반복한다. 애도는 애착을 느끼던 사람과 쌓아온 좋은 추억과 나쁜 추억 모두를 끌어안았다가 또 놓아주기를 반복하면서 서서히 현실의 상실을 받아들이는 과정이다.

사람마다 그 관계의 애착 정도에 따라 애도하는 과정은 달라진다. 중요한 것은 애도의 과정이 조금 길어지더라도 인내심을 가지고 그것을 외면하지 않는 자세이다. 애도의 과정이 점차 마무리될 즈음에는 상실의 자리에 또 다른 사랑도, 또 다른 사람도, 또 다른 일상도 들여놓을 수 있도록 서서히 마음의 자리가 생겨난다.

애도는 비단 죽음으로 인한 상실에만 해당하지 않는다. 누군가의 죽음을 통해서만 상실을 경험하지는 않는다는 말이다. 세상에는 다양한 상실의 경험이 있다. 원하던 학력과 직업을 갖지 못함으로써 자신의 꿈을 상실하는 경우도 있다. 자퇴하며 부모를 실망시켰다고 느낀 딸은 이전과는 달라진 부모의 태도에 사랑과 돌봄의 상실감을 느끼기도 한다. 애초에 받지 못했던 사랑에 대한 상실감을 뒤늦게 알아차리는 사람도 있다. 냉랭하고 관심을 보일 줄 모르는 어머니에게서 늘 사랑의 시선을 받고 싶어 어머니의 시선 속에 있으려 아등바등했지만, 끝끝내 사랑을 받지 못했다고 느끼는 자녀도 있다. 이들은 뒤늦게 자신이 사랑받지 못했음을 깨닫고 상실감과 정서적 허기 속에 빠져든다. 이런 모든 상실의 경험에 우리는 애도가 필요한지도 모르겠다.

정서적인 끈끈함을 느꼈던 사람과 헤어지는 것, 사랑받고 싶었지만 받을 수 없었던 어린 시절의 트라우마를 떠나보내는 것, 단짝 친구의 전학과 같은 중요한 사건이나 과거의 기억 앞에서도 우리는 슬픔을 경험하고 애도할 수 있다. 당신이 만약 떠나보내야 하지만 떠나보낼 수 없는 슬픔을 오래도록 간직하고 있다면 이제는 충분히 애도하는 시간을 가져보자.

오늘 내게 전해진 부고 소식에 나처럼 마음 아픈 사람들과 당사자가 애도를 도울 것이다. 애도는 그 슬픔을 지닌 사람이 해야 하지만, 혼자서만 풀어내기는 힘든 과정이다. 우리나라의 장례 절차가 3일 혹은 5일에 걸쳐 진행되는데, 망자를 떠나보내는 데에 며칠의 말미를 주는 것은 장례 절차에 드는 어쩔 수 없는 최소한의 시간일 수도 있겠으나 타인을 애도하고 위로하고자 하는 마음 때문은 아닐까. 사랑하는 사람을 떠나보내는 깊은 슬픔이 단 며칠로 해소되지는 않겠지만 그 며칠간 왕래하는 지인들의 지긋한 눈길과 품앗이는 슬픔을 감당해야 하는 가족들에게 조금이나마 위안이 될 수 있다.

애도의 과정은 반복적이고, 지난하다. 상실을 오롯이 혼자

서만 감당해야 한다는 생각은 좋지 않다. 애도의 과정을 잘 거치다는 것은 그 지난한 과정을 빠트리지 않고 밟아나가는 것이다. 단숨에 건너뛰거나 없애려고 하는 것이 아니다. 상실로 인한 여러 감정을 소중하게 여기는 것부터가 애도의 출발이다.

애도하는 과정에서 가장 중요한 감정은 단연 슬픔이다. 슬픔의 감정은 누군가의 위로가 필요한 감정이다. 슬픔을 깊이 느끼는 사람 옆에 그를 위로할 만한 사람들을 불러모으는 감정이 바로 슬픔이다. 슬픔 속에 자신을 혼자 있게 두지 마라. 걸어 나와 주변 사람들에게 알려야 한다.

두 번째로 중요한 감정은 연민이다. 더는 그 사람과 함께 웃을 수 없는, 기쁨을 함께 나누지 못하는 자신을 연민하는 마음, 그 사람이 더는 누리지 못할 미래의 복된 일들을 생각하면서 깊은 연민을 느낀다. 이렇게 애도의 과정을 거치고 나면 비로소 상실을 받아들이게 된다. 당신의 애도 기간이 1년이든 5년이든, 애도의 과정에 있는 당신을 응원하고 싶다. 애도가 매듭지어질 때 얻어지는 새로운 눈이 당신을 슬픔이 아닌 다른 곳으로 데려다주길 기대하면서.

"그런 뜻으로 한 말이 아니었는데"

─────────

오해

누구나 살면서 오해받은 경험이 있을 것이다. 오해를 받는 순간만큼 억울한 일이 없다. 오해를 받는다는 것은 내 의도와 다르게 무언가가 잘못 해석되는 경우이다. 보통은 좋은 의도나 별다른 뜻이 담기지 않은 행동이 나쁜 의도나 뜻으로 받아들여질 때이다. 길 가다 떨어져 있는 지갑에 손을 뻗는 순간 누군가 "그걸 그렇게 가져가면 쓰나!"라고 호통친다면, '경찰서에 가져다주려고' 했던 마음이 도리어 찬물로 얻어맞은 격이 되고 만다. 선한 의도가 도둑놈 심보로 오해받는 순간, 차라리 그 어떤 마음도 품지 말 것을 괜한 오지랖을 부렸네 하고 거둬들이게 된다. 다시는 좋은 뜻으로라도 그런 일은 하지 말아야지 하고 다짐하게 된다. 불순한 의도를 품는 사람들이 자꾸만 늘어가는 세상의 삭막함이 빚어낸 쓸쓸한 현실이다. 누군가를 돕고자 하는 마음마저 오해를 받아 방어막을 쳐야 하는 세상이라면 정말 살맛을 잃게 된다.

"나는 그런 뜻으로 한 말이 아니었는데……."
"내가 그렇게 한 이유는 따로 있는데……."

부지불식간에 오해를 당해버리는 것은 분명 불쾌한 경험이다. 오해를 한 쪽은 몰라도 당한 사람은 뼈저리게 안다. 오해한 쪽에서는 오해를 바로잡으려는 노력을 잘하지 않는다는 사실을. 오해를 당한 사람 입장에서는 속에 열불이 나서 밤잠을 이루지 못할 테지만, 오해한 편안한 입장에서는 누군가 버럭 하고 덤벼들어 교정해주지 않는 한 그 오해를 오해로 여길 리 없으니 말이다.

"어차피 그 사람에게 설명해도, 크게 달라지는 건 없을 것 같아요."

누군가를 이해하는 일은 때로 쉽지 않다. 지구를 한 바퀴 돌아오더라도 영영 이해되지 못할 법한 일들도 세상에는 분명 존재한다. 그렇더라도 오해가 진정 오해였을 수 있다는 가능성만은 부정하지 않았으면 좋겠다. 소설가 김연수는《시절일기》에서 아직 다 알지 못한다는 자세를 '겸손'이라 했다. 오해 앞에 겸손의 눈과 귀를 두고 내가 아직 그 사람을, 그의 행동을 충분히 다 알지 못했다고 말한다면 우리는 오해보다는 이해로 나아가는 길을 더 잘 찾을 수 있지 않을까.

애초 인간은 자신이 아닌 타인을 이해할 수 없는 존재이기 때문에, 이해할 수 있다는 마음 자체를 내려놓는 것이 낫다고 말하는 이들도 있다. 그만큼 타인을 오해 없이 바라본다는 것이 쉽지 않다. 이해한다는 것은 아직 알려지지 않은 미지의 그 무언가에 대해 헤아려보는 마음이다. 헤아려봄으로써 받아들일 여지를 더 남겨두는 일이다. 내 생각과 기존의 틀에서만 보려는 것이 아니라, '타인의 안경을 써보면 뭐가 다르게 보일까?' 하며 프레임을 바꿔 달아보는 것이다.

이해는 이해하고자 노력하는 마음에서 출발한다. 이해하기를 포기하는 것은 때론 그저 무관심과 귀찮음에서 기인할 수도 있다. 무관심의 태도는 '쿨'해 보일지 몰라도 사실상 '누군가와도 진심으로 소통하지 않겠다'라는 선언에 다름 아니다. 물론, 이해를 포기하는 마음이 도움이 될 때도 있다. 그 상대방이 정말로 이해 불가한 삶 속에 있다면, 그럴 때는 이해하려는 노력보다는 그저 바라보고 체념하는 걸 받아들이는 것이 차라리 낫다. 그래서 때론 체념도 좋은 대안이 될 수 있다. 이때의 체념과 받아들임은 단순히 이해하려는 노력조차 하지 않는 것과는 다른 일이다. 오히려 그 마음 너머에 있는 포용에 가깝다.

당신이 만약 오해를 받아 억울한 마음에 밤잠을 설친다면, 오해 속에 자신을 내버려 두지 말고 오해를 교정할 용기를 내보면 어떨까. 누군가에게는 이 말이 가혹하게, 부질없는 말처럼 들릴지도 모른다. 이미 해봤노라고, 여러 번 외쳤지만, 오해는 풀리지 않았고, 그때마다 이해받지 못한 마음은 더 애처롭게 무너져 갔다고 말할지도 모른다. 말해봤자 소용없을 것이라는 믿음, 자신의 말이 상대에게 의미 없게 들릴지도 모른다는 낮은 자신감 때문에 오해받은 마음을 풀지 못하고 있을 수도 있다. 하지만 나는 오해 '당하는' 사람이 마지막까지 자신을 항변하고, 지킬 용기를 내보길 소망한다.

오해를 당한 채로 자신을 피해자의 위치에 놓는 것을 방관하면, 그러한 방관이 자신을 소외시킬 수 있기 때문이다. 다른 누군가가 아닌, 스스로가 자신을 방관하여 소외시키면 우리 마음 안에서는 감정의 블랙홀이 만들어진다. 연대하는 마음도,

돌보고자 하는 마음도, 누군가에게 외치고 싶은 마음도 그 새까만 블랙홀 속으로 빨려 들어가 버리고 만다. 그러곤 생생했던 감정들이 점점 생기를 잃어간다. 마음속 블랙홀은 좋은 것 나쁜 것 가리지 않고 모두 빨아들여 무無의 상태로 만들어놓는다. 마음에 침입하는 부정적인 감정을 차단하려고 만들어진 블랙홀이 이제는 기쁨, 편안함, 즐거움 같은 긍정적인 감정까지도 함께 소멸시킨다. 그러니 마음속에 블랙홀을 만들지 않길 바란다.

오해당한 마음에 차라리 오기를 부려보길 바란다. 그 오기를 통해 진심을 알리고, 잘못된 상황에 항변하며, 바로잡기를 바란다. 오기를 부리듯 오해에 맞서는 경험이 자기를 인정해주고, 자존감을 회복하는 데 도움을 줄 것이다.

오해를 바로잡으려는 시도가 때로는 누군가에게 밉보일까 봐 걱정이 될 수도 있다. 또 다른 오해를 불러일으킬까 봐 걱정이 되어 포기해버리고 싶을 수도 있다. 오해에 늘 지고 살았던 사람이라면, 당연히 처음부터 매끄럽게 오해를 풀지 못할 수도 있다. 첫술에 배부를 수 없다는 것을 기억하자. 자꾸만 오기를 부려본다면 오기가 언젠가는 오해를 뛰어넘는 에너지를 만들어내지 않을까. 쉽게 포기하는 것보다 오기로 자신의 오해를 뛰어넘어 덤벼보는 의기양양함을 지녀보는 것도 좋겠다.

'상대방의 생각을 교정하고야 말겠어'보다는 '적어도 내 의도는 분명히 전해야겠어'라는 생각으로 접근한다. 진심을 전달하려는 노력에도 상대가 여전히 오해를 풀지 않는다면, 이미 내 손을 떠나간 영역이다. 충분히 해명했음에도 전혀 오해가 풀리지 않는다면 이제 당신이 할 일은 없다. 상대방의 생각과 감정을 통제할 수는 없으므로 그때야말로 더는 미련을 둘 필요가 없다. 사실을 있는 그대로 바라보지 못하는 사람의 몫으로 남겨둘 수밖에 없다.

무작정 오해를 바로잡자고 상대방의 소매를 잡아끄는 것보다 전략적으로 접근하면 더 나을 테니 아래를 참고해서 오해를 풀어보자.

오해를 바로잡기 위한 팁

- 상대방이 오해한 지점이 무엇인지 먼저 스스로 정리해보자. 무엇이 오해이고, 어디까지가 제대로 된 이해인지 스스로 냉정하게 따져보자.
- 내가 바로잡고 싶은 부분이 무엇인지 확실하게 짚어보자. 원래 자신의 '진짜 의도'가 무엇이었는지를 생각해본

다. 즉 일이 어떤 방향으로 흘러가길 바랐는지에 대한 진짜 마음을 살펴보는 것이다. 주의할 점은, 자신의 의도를 그럴듯하게 포장해서는 안 된다. 진짜 마음을 스스로 맞닥뜨려야 그 마음을 제대로 전할 수 있다.

오해를 바로잡는 말하기

- "사실 난 ~하게 생각하고 있어. 내가 정말로 하려고 했던 것은 ~이었어."
- "저의 ~한 마음이 제대로 전달되었는지 모르겠습니다."
- "저는 ~한 생각(또는 감정)을 하고 있는데, 혹시 그 부분에 오해가 있었을까요?"
- "내가 정말로 원했던 것은 ~라는 것을 말하고 싶었어."
- "진짜로 내가 하고 싶었던 말은 ~인 것 같아. 그때는 그 마음을 그대로 전달하지 못했어."
- "아까 ~했던 것에 대해서 혹시 어떤 마음이 드셨을지 모르겠어요. 사실 그때 ~일이 있었거든요. 그런 점에서 저는 ~얘기를 하고 싶었는데 그게 잘 전달이 안 됐던 것 같네요."

부모보다 먼저 부모가 되어간 아이

———

부모화된 아이

많은 어른이 각자의 모습대로 살아간다. 나이를 먹고, 해야 할 일을 하고, 하기 싫은 일이 있어도 꾸역꾸역 맡은 일을 해낸다. 이런 어른의 모습 속에, 미처 다 자라지 못한 어린아이의 마음을 감춘 사람이 꽤 많다. 여기서 말하는 어린아이의 마음이란,

어린아이로서
응당 투정 부리고 싶은 마음,

어린아이로서
있을 법한 실수와 무모함,

어린아이로서

혼들림 없는 존재에 기대고 싶은 마음,

어린아이로서
막무가내로 추앙받고 싶은 마음,

이런 것들을 말합니다. 그 시절, 아이이기 때문에 누릴 수
있고, 건강한 발달을 위해 필요한 어린이의 권리였던 것들을
여러 가지 이유로 누리지 못하고, 원한다고 말하지 못한 채 억
누르고 참으며 어른처럼 행동해야 했던 아이들. 그리고 그렇게
'어린' 자신을 돌보지 못하고 자라난 어른. 심리학에서는 이를
'부모화된 아이parental child'라고 표현한다. 부모화된 아이는 건
강하지 못한, 도움이 필요한, 혹은 나약해 보이는 부모를 대신
해서 자신이 부모 혹은 어른과 같은 역할과 기능을 한다. 부모
님이 하지 못하는 것을 대신해서라도 부모와의 애착 관계를 지
킬 수 있고, 사랑하는 가족의 평화를 유지할 수 있다면, 그리고
그러한 절실함이 큰 아이일수록 어른의 역할을 통해 가정의 기
능을 회복하고자 한다.
　예를 들어, 부모를 대신해서 동생을 보살펴야 한다거나(단
순히 동생을 잠시 돌보는 것이 아니라), 부모님의 갈등에 중재자 역

할을 하는 방식으로 아이가 부모화될 수도 있다. 밥을 하고, 빨래하고, 아픈 부모를 병시중하고, 부모 대신해서 동생의 잘못을 혼내는 등 물리적인 부분에서도 부모화가 일어나기도 한다. 또한 부모를 위로하거나 부부간 혹은 부모와 형제간의 갈등 상황에서 중재를 도맡아 하는 등 정서적인 부분에서도 부모화는 이루어질 수 있다.

어떤 학자들은 이렇듯 어린아이지만 어른처럼 행동하도록 키워지는 것이 더 빠른 성숙에 도움이 된다고 주장하기도 한다. 책임감이 길러지고, 성실해지며, 어디 가서든 자기 역할을 똑똑히 해내는 사람이 될 수 있다고 말한다. 어린아이가 어른처럼 역할을 하는 것이 일시적이고, 지나친 압박이 들지 않는 수준이면서 어린아이로서 욕구도 충분히 존중되고 실현될 수 있다면, 개인적 성숙에 도움이 되는 부분도 분명히 있다. 문제는, 부모와 같은 역할을 지속해서 강요받고, 자신의 욕구를 드러내지 못하고, 부모의 필요나 가족의 필요를 채우는 것을 자기 자신보다 늘 더 중요하고 의미 있는 일로 여긴다면 성숙과는 거리가 먼 일이 되고 만다. 오히려 정상적인 발달 단계를 거슬러 빨리 어른이 됨으로써 '진짜 어른'이 되지 못하도록 방해하는 것이다.

어디서든 책임감이 강하다는 말을 듣는 사람.

남의 일이라면 발 벗고 나서서 자주 칭찬을 듣는 사람.

하고 싶은 게 있어도 타인이 원하는 걸 우선으로 하는 사람.

이외에도 착하다는 소리를 꽤 자주 들으며 자라왔다면 위세 사람에게서 자신의 모습을 발견할지도 모르겠다. 부모화된 아이의 모습을 가진 사람이 겪는 가장 큰 어려움은 '내가 원하는 대로' 살지 못한다는 것이다. 늘 타인의 마음에, 타인의 행동에 맞추느라 정작 자기 자신의 마음에는 가닿지 못한다. 자기답게 자기 자신으로 존재하지 못하고 자신의 욕구를 늘 뒤로한 채 자신의 감정을 억압하고 외면한다. 결국 내면에서 자기 소외가 일어난다. "지금 내 상황은 그리 중요한 게 아니야", "내가 느끼는 감정은 별로 중요하지 않아", "이건 힘든 일도 아니야"라고 자기로부터 자신을 소외시킨다.

어린 나이에 어른의 역할까지 하면서 열심히 살아왔지만, 내면에는 충족되지 않은 어린아이의 모습이 있어서 불쑥불쑥 엄한 곳에서 욕구 불만이 터져 나오기도 한다. 때로는 자신을 정말로 사랑해주는 연인, 배우자, 자녀가 자신의 욕구를 대신해서 채워주기를 기대하기도 한다. 자신이 누군가(부모)의 욕구를 채워준 것처럼, 다른 사람에게도 은연중에 그런 기대를 품는 것이다. 가까운 사이일수록 이런 기대는 너무도 당연시되어 부지불식간에 상대를 압박하고 부담을 주기에 이른다.

그래서 부모화된 아이가 성인이 되어 독립해야 할 때 오히려 의존적인 특성을 보이기도 한다. 겉으로는 독립적으로 보였던 사람에게서 굉장히 의존적인 모습이 나타나는 것이다. 건강한 의존을 할 수 없었던 마음이 자꾸만 커지다 보니, 오히려 필요 이상으로 의존하고 싶어진다. '날 우선순위에 놓아줘. 내가 원했던 것은 이거였어. 내 문제 좀 제발 해결해줘' 하고 마음에 걸려 있던 의존 욕구가 분출한다. 의존 욕구가 건강하게 충족되면 자신의 욕구에 더 솔직해지고 스스로 욕구를 감당하며 만족하는 어른이 되어간다. 그렇기에 독립성과 의존성은 둘 다 살아가는 데 중요한 부분이다. 독립성은 길러지는 것이라면 의존성은 본능에 가깝다. 특히 어린아이들은 잘 의존해야 생존할 수 있다. 의존은 필요한 것들을 채워야 할 때 혼자서는 할 수 없는 것들을 채워나갈 수 있도록 해준다. 그러니 독립성과 의존성, 이 둘의 균형이 중요하다. 둘 중 하나만 키워야 한다고 집착하는 것은 하나만 보고 다른 하나는 보지 못하는 격이다.

어른으로서 우리는 스스로 두 발을 땅에 단단히 붙이고 살아간다. 누가 밥상을 차려주지 않아도 스스로 끼니를 챙기고, 아픈 자신을 돌보고, 일하면서 생산성을 얻고, 자신에게 필요한 물질적인 것과 정신적인 것을 채워나간다. 하지만 때로는 힘든 일을 당하거나, 혼자서 할 수 없는 일을 마주할 때는 타인에게 의지해서 해결하기도 하고, 관계 속에서 힘을 얻는 등 의존도 필요하다. 이 두 가지 성질은 우리 삶에 적당히 녹아들어 있어야 한다.

부모화된 사람은 독립성에 대한 때 이른 지나친 강조로, 오히려 건강한 의존성을 발달시키지 못한 사람이다. 이렇게 부모화된 아이로 자란 사람은 필요할 때 건강한 방식으로 의존하는 법을 알지 못해서 속으로만 끙끙 앓는다. 남들은 필요할 때 다른 사람들에게 도와달라고 손 내밀어 청할 수 있는 것을, 부모화된 사람은 그러지 못할 때가 많다. 누군가를 위해 헌신, 희생, 돌보는 역할에 익숙해져 있다 보니, 정작 자기 자신을 돌보는 일에는 타인에게 했던 것만큼 마음을 쏟기 힘들어한다.

한번 자기 자신을 손님이라고 생각해보자. 특별하고 귀한 손님이라고 말이다. 귀한 손님이 내 집에 찾아온다면 당신은 어떻게 하겠는가? 잘 차려진 음식을 내어놓고, 손님이 편하게 식사하도록 할 것이다. 따뜻한 말과 행동으로 내 집에서 머무는 시간이 편안하기를 바라지 않겠는가. 잘 정돈된 침구로 편안한 잠자리를 마련해놓고 혹시라도 불편한 점은 없는지, 필요한 것이 더 있는지 궁금해할 것이다. 불편한 점이 있으면 곧바로 적절히 조치할 것이다. 이렇게 자기 자신을 오히려 객관적으로 바라보면서 도움이 필요한 사람으로 여기는 것이다. 나의 손길과 마음의 시선이 와 닿길 기다리는 특별한 사람으로 자신을 대해보자. 그 누구도 잡아주지 못했던, 먼저 헤아려주지 못했던 그 마음을 내가 타자가 된 듯이 어루만져 주는 것이다. 빨리 어른이 되어야 했던 내면에 있는 그 아이를 잠시 떠올려본다.

그 아이가 듣고 싶었던 말은 무엇이었을까.
그 아이가 하고 싶었던 행동은 무엇이었을까.
그 아이가 부모님께 바라던 것은 무엇이었을까.

그 아이가 하는 말을, 그 아이의 얼굴과 몸짓을 가만히 지켜본다. 그 아이가 하고자 하는 것에 귀 기울여 그것을 좇을 수 있도록 지금의 '내'가 함께해주면 어떨까. 지금부터라도 내 속도대로 내가 가고 싶은 방향으로 가도 된다고 말이다.

자기 자신을 귀하고 특별한 손님이라고 여기고 대접해보라.
당신만이 할 수 있는 특별함으로 자신을 대해주지.

마음의 상처를 치유하는 명상

가슴을 후벼 파는 상처를 간직한 사람들은 공감할 겁니다. 그 상처를 준 사람이 처음에는 타인이었다 하더라도, 시간이 한참 흐른 후에는 이내 자신이 스스로 상처를 가장 많이 입히고 있다는 것을요. 상처를 주었던 상황이나 타인은 이미 어디에 어떤 모습으로 있는지조차 모르지만, 그 상처는 마음속에서 우후죽순 자라나 또 다른 세계를 만들곤 합니다. '지금-여기'에 더는 존재하지 않는 목소리를 끊임없이 실시간으로 재생합니다. 그러곤 과거에 타인이 보냈던 비난의 잣대를 어느샌가 자신의 잣대로 삼고 자신을 엄하게 나무라곤 합니다.

　적어도 이전에 받은 상처 이후에 덧나서 더 깊어진 상처가 처음의 상처보다 더 아프지 않도록 우리 마음을 다독이면 좋겠습니다. 5점 정도의 상처라면, 5점 정도로만 아프고 힘들었으면 좋겠습니다. 8~9점의 아픔을 견디면서 매일을 사는 것은 정말이지 고통스러운 일이니까요.

1. 편안한 자세로 앉거나 누워서 앞서 배웠던 심호흡을 합니다. 천천히 들이마시고 내쉬면서 내 몸이 신선한 공기를 머금었다가 천천히 뱉어내는 것을 느낍니다. 머리로 숨을 쉬지 않고, 내 몸이 그 숨을 받아들입니다. 내쉬는 숨에 몸이 더욱 가볍고 편안해집니다. 천천히 숨을 들이쉬고 내쉬며 호흡이 곧 몸이 되고, 몸이 곧 호흡이 되도록 합니다.

2. 잠시 상처 난 마음의 주변부를 떠올려봅니다. 상처의 중심부에 있을 필요는 없습니다. 상처의 주변부만 가볍게 떠올립니다. 상처 그 자체보다 더 번져 있는 주변부의 아픈 부분을 내 숨결로 어루만진다고 한번 상상해보세요. 온갖 좋은 재료로 만든 신비한 연고를 그 상처 주변에 바른다고 상상해보세요. 아직 중심부의 상처가 아물지 않아 따갑고 아프지만, 이제는 번져나가지 않도록 상처 주변부에 조심스럽게 신비한 마음 연고를 바르는 겁니다. 그 연고를 바르는 동안, 내가 만들어낸 상처들을 녹여버린다고 생각해보세요. 타인이 준 상처와 상관없이 적어도 나만큼은 나 자신에게

상처를 주지 않겠다고 다짐하면서 신비한 연고를 살살 발
라주세요.

3. "그동안 많이 아팠지?" 하면서 스스로 자신에게 했던 고약한
   말과 생각을 연고로 치료해주세요. 연고를 바르는 손길에
   나의 마음을 둡니다. "이젠 이 상처가 더 번져나가지 않도록
   내가 어루만져 줄게"라고 소리 내어 말해주세요. "내가 이
   상처에 연고를 발라줄게." 진심을 담아서 자신의 상처에 충
   분히 연고를 발라줍니다.

4. 연고를 바르던 손길을 거두고, 상처의 주변부가 조금 나아
   졌는지 살펴봐 주세요. 오늘 연고를 발라두었다고 해서 한
   번에 씻은 듯이 나을 수는 없습니다. 상처가 잘 아물려면 며
   칠간 규칙적으로 연고를 발라줘야겠지요. 그러면서 그 상
   처에 애정을 갖고 관찰해주세요. 멍든 상처가 조금 덜 아프
   게 느껴지길 바라면서요.

3부

흔들리지 않는 마음의 중심을 잡는다

세상에서 가장 힘든 일, 자기 사랑

———

서점에 가면 유난히 '자기를 사랑하라'라고 주장하는 책들이 눈에 띈다. 제발 자신을 사랑해주면 안 되겠냐고 통사정하듯 떠밀고 그 방법까지 하나하나 일러준다. 친구를 사랑하는 것, 애인을 사랑하는 것, 엄마를 사랑하는 것보다 자신을 사랑하는 것이 더 어려운 사람들이 있다. 자기 자신을 사랑할 수 없는 어떤 시기에 내몰릴 때도 있다. 자신을 사랑해 마지않는다고 확신하던 사람도 어느 순간 자신을 죽도록 미워하기도 한다. 마치 자신을 사랑한 적이 없었던 것처럼. 그토록 자기 자신을 믿지 못하고 연민을 가질 수도 없으며 모자람투성이의 별 볼 일 없는 인간으로 만들어버리는 것이 한순간에 이루어진다. 반대로 그토록 미웠던 자신을 다시 사랑스러운 자신으로 만나기 위해서는 훨씬 더 먼 길을 돌아가야 한다.

민희 씨는 소박한 가정에서 넉넉지는 않지만 부지런하고 정 많은 가족과 잘 지내왔다. 그녀가 초등학교 5학년이 되던 해에 아버지가 교통사고로 갑작스레 세상을 떠난 후 가족들은 모두 어두운 터널에 갇힌 것 같았다. 출구가 어디인지, 이 터널을 빠져나갈 수 있기나 할지 아무도 모른 채 깜깜하고 눅눅한 고통 속에서 오래도록 지냈다. 그래도 성실하게 가정을 꾸려온 어머니 덕분에 가족들은 조금씩 긴 터널의 어둠을 뚫고 조금씩 세상 밖의 빛을 느낄 수 있게 되었다. 민희 씨와 동생도 어머니의 노력만큼이나 열심히 자신들의 자리에서 할 수 있는 일을 했다. 새벽에 일을 마치고 무거운 몸을 이끌고 들어올 어머니를 위해 민희 씨는 어머니의 이부자리를 챙겨 놓았다. 저녁 밥상은 늘 초라했지만, 어머니의 희생과 노력이 있으니 민희 씨도 허투루 자기 인생을 살지 않으려 애썼다. 그 덕에 마을 장학회의 도움으로 대학 등록금도 지원받고, 이후 아르바이트에 학자금 대출로 근근이 대학을 졸업할 수 있게 되었다.

민희 씨의 어머니는 부모의 도움 없이 학업을 잘 마쳐준 딸이 자랑스럽고 고마웠다. 한편으로는 큰 도움을 주지 못해 짠하고 미안한 마음도 한구석에 있었다. 그녀는 아버지의 부재가 오히려 자신을 단단히 성장하도록 만들었다고 생각했다. 다시는 겪고 싶지 않은 끔찍한 유년기 생활이었지만, 얻은 것도 크다고 생각하고 스스로에 대한 자부심도 있었다. 1년여의 취업 준비 기간을 거쳐 어렵게 들어간 회사에서는 그간의 아르바이트 경험을 교훈 삼아 막내 일꾼을 자처하며 궂은일도 마다하지 않고 열심히 일하며 경력을 쌓아갔다. 작은 회사였지만 점차 그녀는 실력자로 인정을 받았다.

그러던 어느 날 회사에 신입사원이 들어왔다. 2년차 민희 씨는 주임으로서 신입사원을 교육하는 일을 맡았다. 신입사원은 꽤 똑똑하고 야무진 성격의 여성이었다. 비슷한 또래의 후배 사원과 친하게 지내며 민희 씨는 신입사원이 업무에 적응하는 것을 친절하게 도와주었다. 그런데 초반에는 살갑게 굴던 신입사원이 어느 정도 업무에 능숙해지자 그녀를 골탕 먹이기 시작했다. 자신이 한 일을 민희 씨에게 보고해야 하는데, 그녀를 무시한 채 상사에게 바로 보고를 하는가 하면, 그녀가 애써 만들어놓은 보고서의 부족한 점을 지적하면서 은근히 깎아내리는 말을 하기도 했다. 그동안 친절히 응대해주고, 가깝게 지내왔던 민희 씨는 이런 신입사원의 행동과 이를 묵인하는 다른 동료들의 행동이 도저히 이해가 가지 않았다. 그런데 더욱 속상한 것은 신입사원의 말과 행동을 다른 직장 동료들도 그대로 믿기 시작했다는 사실이다. 그녀보다 신입사원이 하는 이야기에 더 수긍하는 듯했고, 신입사원이 다른 동료들과 웃고 떠드는 모습이 자주 목격되었다. 늘 점심 식사를 함께했는데, 민희 씨가 외근을 나갔다가 조금 늦게 들어온 사이, 동료들은 신입사원만 챙겨서 점심을 먹고 돌아왔다. 민희 씨에게는 점심 먹었냐는 한마디 인사도 없었다.

민희 씨의 마음은 어땠을까? 함께하는 시간이 긴 직장 동료 사이에 문제가 생기면 속이 썩어 문드러지는 듯하다. 든든했던 동료들마저 등을 돌리니 민희 씨는 갑자기 외로움에 몸을 떨었다. 마치 아버지가 사고로 돌아가신 후 깜깜한 터널에 갇힌 듯했던 어린 시절의 그때처럼 방향을 알 수 없는 곳에 혼자 서 있는 기분이었다. 그동안 믿어왔던 자신의 능력, 자신감, 자부심이 저 멀리 사라져버린 것 같았다.

지난 2년간의 회사 생활을 돌이켜보면서 스스로가 잘하고 있다는 착각에 빠져 있었던 것은 아닌가 되짚어보았다. 민희 씨에게 자부심을 주었던 성실함과 책임감, 도전의식이 아무것도 아닌 것처럼 하찮게 느껴졌다. 그럴수록 민희 씨의 발걸음은 무거워졌고 어깨는 힘없이 축 처져 있을 때가 늘어났다. 상냥하게 웃으며 동료들을 대하던 그녀의 얼굴에 웃음기가 점점 사라져 갔다.

민희 씨는 이제 자신이 어떤 사람인지 명확하게 떠올리질 못했다. 좋은 사람인지, 충분히 괜찮은 사람인지 의심하기에 이르렀다. 자신을 값진 존재라 여겨온 믿음이 약해져 갔다. 누군가가 그녀에게 "당신은 자기 자신을 사랑하나요?"라고 묻는다면 그녀는 뭐라고 해야 할지 몰라 망설일 것이다. "글쎄요. 잘 모르겠네요."

민희 씨는 분명 사랑스러운 사람이다. 많은 어려움 속에서도 늘 길을 찾으려고 애써왔다. 어머니를 도와 가정 살림을 꾸리고, 동생도 보살폈다. 그것만 해도 이미 그녀는 충분히 보상받을 만하지 않을까. 어려운 상황에서도 그녀는 자신의 인생을 결코 포기하지 않았다. 원하는 대학에는 갈 수 없었지만, 차선을 선택할 줄 알았고, 주어진 일터에서 성실함을 쌓아갔다. 자신을 위해 좋은 것을 성취하려고 노력할 줄 알았다. 그렇게 애쓴 흔적만큼 민희 씨에게는 자기 사랑이 싹텄다. 그 사랑은 자기 자신을 위해 더 많은 것을 해보도록, 경험을 쌓아가도록 도왔다. 하지만 최근 그녀를 둘러싼 여러 일에서 민희 씨는 자기 자신에 대한 사랑을 잃어가고 있었다. 오래 공들인 탑이 생각보다 쉽게 무너지는 듯 보였다.

이렇듯 자기 사랑이 꺾이는 일은 생각보다 짧은 기간에 무서운 속도로 돌진해 온다. 오랜 기간 버텨온 마음이 무너지는 데는 시간이 중요하지 않다. 빠르게 마음 곳곳을 갈기갈기 찢어놓는다. 게다가 연쇄 작용을 일으킨다. 이후 다른 사람들의 믿음이 회복되더라도 정작 자기 자신의 믿음은 아주 서서히 회복된다. 신뢰가 깨지는 것은 한순간이지만, 그 깨진 신뢰를 회복하는 데는 훨씬 더 긴 시간이 걸리는 법이다. 인간은 위협적인 사건이나 요소에 더 쉽게 주목하고, 부정적인 감정과 생각을 더 오래 간직한다. 이렇듯 인간이 부정적인 특성에 빠르게 반응하고 대처하는 것은 생존에 유리하기 때문이다. 이런 특성은 대대손손 전해져온 유전자에 이미 프로그래밍이 되어 있는 셈이다. 손해를 입힌 일들을 경계해야 다음번 손해를 줄일 수 있으니, 우리의 마음이 꽤 보수적인 상태가 되는 것이다. 다음번에 닥칠 수 있는 다른 손해를 방지하기 위해서 그 믿음을 선불리 회복하지 않는다.

믿음의 회복이 더딘 것처럼, 자기를 사랑하는 마음도 비슷하게 작동한다. 심각한 여파를 몰고 왔던 것에 무뎌지기 위해서 우리는 자신도 모르는 사이 감정을 마비시키기도 한다. 문제는 감정을 마비시키다 보면, 우리를 불쾌하게 했던 감정뿐만 아니라 즐겁게 해주었던 긍정적인 감정마저 마비된다는 데 있다. 우리가 깊은 슬픔과 적대감을 억압하려고 하면 동시에 기쁨과 연민도 함께 수면 아래로 가라앉아 자취를 감추어버린다. 사랑의 감정도 그렇게 서서히 수면 아래로 모습을 드러내지 않게 된다. 그래서 자기를 사랑하는 것이 참 힘든 일인 게 아닐까. 타인이 나를 사랑한다고 할 때조차도 우리는 자기 자신을 사랑하지 못할 때가 있다. 누군가가 "넌 정말 좋아해. 넌 정말 믿을 수 있어"라고 말할 때조차도 "난 내가 싫어. 난 날 믿을 수가 없어"라고 되뇌곤 한다.

하지만 타인이 나에 대한 사랑을 이어가듯, 나 또한 그러해야 한다. 다른 사람이 알지 못하는, 나만 알고 있는 내 일부분이 비록 사랑스럽지 못하더라도 말이다.

나를 사랑한다는 건,

알고 있다고 단언하려는 단호함을 접어두고 나에 대해 궁금증을 갖는 것이다. 그 궁금증을 내버려 두지 않고 호기심 어린 눈으로 관찰하고 기꺼이 답해보려고 노력하는 것이다.

나를 사랑한다는 건,

무심한 시선 속에 버려두었던 마음을 톡! 하고 건드려주는
것이다. 그 마음에 "안녕?" 하고 인사해주고, 그 존재를 알아주
는 것이다.

나를 사랑한다는 건,

지쳐 쓰러져 있는 자신에게 애처로운 눈길을 보내는 것이
다. 나약하다 타박하지 않고, 쓸데없다 치워두지 않고, 처량하
다 여겨지는 걸 두려워하지 않는 것이다.

나를 사랑한다는 건,

행복하고 사랑받는다고 느끼는 마음에 의심을 하지 않는
것이다. 좋은 기억은 그것대로 여러 번 곱씹고 잘 삼킨다. 그것
을 내 몸과 마음의 양분으로 삼는 것이다.

나를 사랑한다는 건,

맑은 날은 맑아서, 흐린 날은 흐려서, 밝아졌다 칙칙해졌다 하는 얼굴도 예쁘다 하며 마음에 담아두는 것이다. 상황이 좋지 않다고 해도, 상황이 좋아졌다 해도, 그런 상황에서도 스스로 여전히 예쁘다고, 그런대로 괜찮다고 말해주는 것이다.

좀 예민해도 괜찮아

———

고슴도치 같다는 말을 들어본 적이 있는가? 예민한 사람들의 날카롭고 뾰족하게 튀어나온 듯한 성격적인 측면을 두고 흔히 고슴도치에 비유하곤 한다. 고슴도치는 자신의 가시를 통해 연약한 신체의 방어 능력을 극대화하는 동물이다. 작은 포유류에 속하는 고슴도치는 가시를 세우고 몸을 말면 마치 가시만 잔뜩 있는 밤송이 같다. 고슴도치는 겁을 먹거나 위협을 느끼면 가시를 세워서, 함부로 만지려는 이들에게 상처를 입힌다. 그뿐만 아니라 고슴도치의 가시는 감정을 표현하는 수단도 된다. 편안할 때는 가시를 풀지만, 화가 나서 공격적으로 되면 가시를 흔들어 보이는 위협적인 행동을 한다. 고슴도치는 다른 포유류 동물에 비해 몸집은 작지만 털이 진화해 만들어진 가시 덕분에 함부로 무시하지 못하는 존재가 되었다. 음침한 야생에서 살아남기 위해 고슴도치는 자신만의 작지만 강한 적응기제를 발달시킨 것이다.

　우리 인간은 어떨까? 고슴도치가 작은 몸집으로 야생의 숲에서 생존하기 위해 가시를 장착하고 어두운 밤에도 천적을 피해가며 먹이를 찾기 위해 눈 대신 청각과 후각, 촉각을 발달시켰듯이 우리 인간도 적응을 위해 예민한 신경체계를 발달시켜왔다. 우리가 경험하는 자극들은 시각, 청각, 후각, 촉각, 미각의 감각체계를 통해 곧바로 신경계를 거쳐 뇌로 그 정보가 입력된다. 감각기관을 통해 입력된 환경의 자극과 정보는 뇌에서 빠르게 처리되어 곧바로 우리가 환경에 대응할 수 있는 행동을 하도록 운동신경을 자극한다. 우리의 신경계가 일사불란하게 정보를 처리하고, 반응하는 덕분에 우리는 화상의 위험에서 몸을 피하고, 어디선가 날아오는 주먹에도 맞설 수 있고, 추위에도 체온을 유지할 수 있는 보온 행동을 할 수 있다. 이러한 기본적인 기능이 잘되지 않는다면 과연 생존에 유리할 수 있을까? 내 주변에 널려 있는 다양한 정보를 적극적으로 관찰하고, 민감하게 대응하는 것은 우리가 생존과 삶에 더 깊이, 적극적으로 관여한다는 뜻이기도 하다. 따라서 가정, 학교, 직장 등에서 더 적응적으로 살아가는 데에 민감성은 매우 중요한 부분이다.

개중에는 남들보다 더 민감하게 주변의 정보를 관찰하고 반응하는 사람들이 있다. 바로 '고高민감자Highly Sensitive Person, HSP'들이다. 고민감자란 민감성이 높은 사람들을 지칭하는 용어로, 미국의 임상심리학자인 일레인 아론Elaine Aron이 제안한 심리학 용어이다. 그런데 이러한 민감성이 높은 사람들은 친구나 가족들로부터 다음과 같은 말을 자주 들어봤을 것이다.

"넌 너무 예민해. 예민해서 못 참아주겠다."
"너무 까칠하게 굴지 마. 별것 아닌 걸로 왜 그래."

이것은 민감성이 높은 사람을 질타하고 비난하는 말들이다 보니, 이 말을 들은 당사자는 마음에 생채기가 나고 만다. 자신의 민감성이 누군가에게 문제시되는 특성이 되는 듯한 상황에 당황스럽기도 하고 억울한 마음도 들 것이다. 민감한 것을 어쩌란 말인가. 남들이 감지하지 못하고 지나친 것들이 고민감자에게는 하나하나 깊이 새겨지고 기억되는 것을 어떻게 하란 말인가. 이미 마음으로 들어온 정보는 처리하지 않고 지나치기가 힘들다. 하물며 감정적인 정보는 그 감정이 느껴지고-이해되고-수용되어야 비로소 지나간다. 그것이 바로 감정이 경험되는 보편적인 과정이기 때문이다. 그렇기 때문에 이미 민감해진 신경을, 이미 민감성으로 알아차린 감정을 무시한다거나 외면한다는 것은 생각만큼 쉽지 않다. 자신의 민감성이 누그러들지 않아서 어떡해야 할까 하고 고민해본 사람들은 잘 알 것이다.

나의 예민함을 어떻게 하면 좋을까? 나는 왜 이렇게 예민한 걸까? 자신을 책망하는 마음 또한 느껴봤을 것이다. 마치 신경과민에 걸린 사람처럼 취급받는 경험에 마음이 상할 때도 있을 것이다. 고민감자가 감각적인 자극을 더 깊고 섬세하게 느끼는 능력이 있기 때문에 감정적인 변화를 자주 겪고 그로 인해 신경이 쉽게 피로해지기도 한다. 타고난 예민성, 민감성을 어떻게 관리하면 좋을까?

1. 민감성을 축복의 기질로 수용하는 태도가 필요하다

잔잔한 수면 아래에서 움직이고 있어 남들은 알아차리지 못하는 것들을 눈치채고 길어 올릴 수 있다는 것은 축복임이 틀림없다. 남다른 감각을 타고난 높은 민감성을 가진 사람들은 전체 인구의 약 20퍼센트 정도이다. 적은 수는 아니지만, 나만의 독특한 시야를 가질 수 있다는 것은 강점이 될 수 있다. 서

양 문화권에서는 성격을 두고 하는 최고의 찬사가 "Unique!(독특해!)"라고 한다. 예민함을 나만이 가질 수 있는 특장점으로 인정해주는 태도를 먼저 가져보자. 민감하기 때문에 할 수 있었던 일이 무엇이었는지, 남들과 달리 세심하게 관찰하고 반응할 수 있었던 일에 어떤 것이 있었는지 발견하는 것이다. 그 발견 속에서 만일 반대로 민감하지 않았다면 하지 못했을 일도 나올 것이다. 내가 지닌 민감성이 준 행운과 불운을 모두 있는 그대로 받아들이고 인정하는 것이다. 분명 당신에게는 행운에 가까운 일들도 많았으리라, 다만 이를 인정하지 않았던 것은 아닐까.

2. 내가 민감하게 잘 파악하는 자극과 정보가 무엇인지 살펴보자

우리 신체는 대표적으로 다섯 개의 감각 통로로 정보를 받아들인다. 시각, 청각, 후각, 미각, 촉각 가운데 특히 민감한 감각이 있는가? 그 감각으로 내가 활용할 수 있는 것이 무엇일까? 시각에 민감한 사람이라면 남들이 잘 보지 못했던 문구, 그림의 디테일, 친구의 달라진 모습, 독특한 인테리어 등을 잘 알아차릴 수 있다. 미각에 남다른 예민함을 지녔다면, 음식을 맛볼

때 들어간 재료와 양의 차이를 바로 알 수 있다. 청각에 민감한 사람은 소리 자극의 차이를 구분하고, 청각 자극이 주는 미묘한 즐거움도 누릴 잠재력을 지니고 있다. 당신이 음악이나 미디어와 관련한 일을 하는 사람이라면 이러한 민감성은 특히 빛을 발한다.

3. 긍정적인 자극과 정보에 더 많이 귀를 기울이고, 혜택을 누려라

민감성이 높은 사람들은 남들이 놓치는 주변 환경의 긍정적인 정보에도 더 민감하게 촉각을 세울 수 있기 때문에, 환경에 존재하는 긍정적인 정보를 잘 활용할 수 있는 능력을 키우는 데 큰 도움이 될 수 있다. 나에게 긍정적인 에너지를 주는 일터, 좋은 피드백을 주는 사람, 능력을 인정받을 만한 일, 즐거움을 줄 수 있는 취미활동을 찾는다면 긍정적 환경에서 얻을 수 있는 최대치의 알찬 열매를 손에 쥘 수 있다. 심리치료에 있어서도 마찬가지이다. 부정적인 상태로 상담실에 들어섰다 하더라도, 민감성이 높은 사람들은 치료가 줄 수 있는 긍정적인 효과를 더 깊이 오래, 크게 누릴 수 있다.

'예민함' 때문에 상담실을 찾은 주현 씨는 예민한 성격의 사람으로, 가족들이 대수롭지 않게 던진 말과 행동에서 많은 의미와 감정적인 정보를 발견한다. 때로는 부정적인 뉘앙스가 슬쩍 들어간 말과 행동에 기분이 나쁠 때도 있었지만, 일일이 대응하지 않고 스스로 가족에게 많이 참고 맞추며 살아왔다고 생각했다. 하지만 가족들은 그렇게 생각하지 않는 것 같았다. 주현 씨가 참다 못해 어쩔 수 없이 표현하는 일에 대해서 가족들은 툭하면 "너 참 예민하다. 넌 뭐가 그렇게 매번 문제니?"라며 그녀를 몰아붙이곤 했다. 그렇게 10여 년의 긴 세월이 지나면서 주현 씨는 '내가 무슨 말을 해도 가족들은 진지하게 듣지 않는다'는 생각을 키우게 됐다. 점점 더 가족들이 자신을 이해하지 못한다는 생각을 하게 됐고, 그래서 늘 억울하고 답답한 마음이 켜켜이 쌓여갔다.

'나는 가족들을 생각해서 조심스레 건넨 말인데. 엄마는 그것도 모르고 오히려 내가 예민한 탓이라며 날 비난해.'
'예민한 사람 취급받는 것도 이젠 지쳤어.'
'더 이상 가족들과 대화가 불가능해. 날 알아주는 사람이 이집에는 아무도 없어.'

나날이 닫혀가는 마음의 문을 다시 여는 것은 너무나 힘들었다. 용기 내서 몇 번이나 마음을 전해보려고 했지만 뭐가 문제인지 자꾸 삐걱거리고 오히려 서로의 감정만 상하게 하는 악순환에 빠졌다. 그렇게 10년을 지냈으니, 주현 씨는 더는 가족을 향해 마음을 열 수가 없었다.

상담을 진행하면서 초반에 주현 씨는 억울한 이야기들을 한꺼풀씩 벗겨내며 상담 과정에 집중했다. 부모님이 건네는 말과 행동에 속절없이 마음이 상하기만 했던 부분에 하나둘 이해와 받아들임을 하기 시작했다. 그녀가 해왔던 생각과 판단에 조금 다른 결의 생각이 스며들었다. 주현 씨는 민감한 사람이었다. 비슷하게 민감한 상담사가 그녀의 민감함에 함께 녹아들면서, 주현 씨가 느꼈던 마음에 공감했다. 그렇게 주현씨의 눈높이에서 마음의 소리가 오고 갔다. 자신이 품었던 좋은 의도가 누군가에게 이해받을 수 있음을 느낀 주현 씨는 그렇게 억울함을 조금씩 풀어가면서, 이제는 10년 전 초등학교 시절에 알던 부모님이 10년이 훌쩍 지난 지금과는 조금 달라져 있다는 것을 깨달았다. 물론 10년 전 여리기만 했던 주현 씨와 지금의 주현 씨도 달라져 있었다. 자녀들이 겪어나갈 대소사를 일

일이 통제하고 본인들의 영향력 아래에 두려고 노력했던 부모님도 10년의 세월 동안 자신들의 양육 방식에 시행착오를 겪으며 달라졌다. 그런데도 그녀는 10년 전 뇌리에 박힌 모습 그대로 지금의 부모님을 바라보고 있었던 것이다. 주현 씨의 마음 안에 살아서 그녀에게 영향력을 행사하는 부모님은 10년 전의 부모님이지, 현재의 부모님이 아니었다. 10년 전의 부모님은 완강한 분들이었다. 그녀가 갖고 싶은 것, 하고 싶은 것을 말할 때마다 단호하게 선을 그었기에, 그녀는 부모님께 속내를 꺼내기가 어려웠다. 주현 씨는 혼자 생각하고 판단하며 어른들의 조언을 구하지 않았다. 부모님께 말하는 것은 오히려 문제를 키우는 일이 될 것이 뻔했기에 차라리 혼자 판단을 내리고 누구의 도움도 없이 스스로 해결하는 것이 마음 편했다. 하지만 지금의 부모님은 자녀 셋을 키우는 동안 여러 면에서 예전과 달리 둥글둥글해져 있었다. 그런데도 주현 씨는 긴 세월이 변모시킨 자신의 성격과 부모님의 성격의 합을 다시 맞춰볼 생각은 하지 못했다.

상담을 진행하며 마음에 선선한 공기가 드나들 만큼 숨통이 트이자 비로소 주현 씨에게도 세월과 함께 성장한 자신의 모습과 부모님의 마음이 눈에 들어오기 시작했다. 민감한 주현 씨는 이런 변화된 부분의 실마리를 포착하자, 빠르게 달라졌다. 짧은 상담 시간이었지만 그녀는 날카로운 예민함으로 자신이 그동안 놓치고 있던 것들을 포착하고 적절한 시기를 가늠해서 부모님께 새로운 시도를 하기 시작했다. 자신이 새롭게 깨달은 것을 결코 잊지 않았다. 마음으로 깨달은 것은 잘 잊혀지지 않는 법이다. 머리로만 이해하고 '이미 알고 있는 건데' 하던 일들을, 마음 깊이 새로운 감각으로 깨달았다. 그리 깨달으니 이제 깨달음은 실생활에서 구체적인 행동으로 나타났다.

"엄마 아빠 오늘 크리스마스인데 우리 오랜만에 와인 한잔 할까?"

먼저 부모님께 술 한잔을 청하며, 옛날 이야기도 나누었다. 초등학교 때 마음에 맺혀서 묵혀두었던 사연도 어느샌가 이야기하게 되었다.

"사실 그때 내가 그림 그리고 싶다고 했을 때, 엄마 아빠가 내 꿈에 대해 안 된다고 꾸짖었던 게 좀 오래 마음에 남아 있었어요. 그 후로 엄마 아빠한테 내가 뭘 하고 싶다거나 해달라고 말하기가 힘들었어요. 나 정말 용기 내서 힘들게 말했던 거였거든. 근데 엄마 아빠를 탓하려고 지금 이 말을 하는 건 아니에요. 엄마 아빠도 당시에 많이 힘든 시기를 보냈던 거 알아요.

그래서 고마워요. 그리고 그때 좀 힘들었지만 지금은 내 꿈을 찾아가는 중이니까 괜찮아."

주현 씨가 포착한 것은 그녀의 과거와 현재, 미래뿐 아니라, 부모님의 과거와 현재를 아우르는 통찰이었다. 그리고 그것을 세심하게 드러냈다. 그녀가 그러한 통찰과 세심함을 키울 수 있었던 건 다름 아닌 그녀의 예민함 덕분이다. 남들이 한 가지 알려준 것에서 여러 차이점을 간파할 수 있고, 거기에 자기만의 새로운 아이디어를 덧붙이면서 그녀만의 방식으로 문제를 해결했으니 말이다. 물론 주현 씨는 여전히 부정적인 자극에도 예민하게 열려 있다. 그래서 때때로 우울이나 불안에 강하게 휩싸이곤 한다. 주현 씨가 자신의 예민함을 제대로 알고, 그 예민함이 어떤 방식으로 자기 삶에 개입하고 있는지를 깨닫자 우울이나 불안을 통제하는 것도 더 수월해졌다. 예민하게 포착되어 마음에 들어온 정보가 있다고 하더라도, 생각과 판단을 선불리 하지 않고 경험과 체험으로 알아가는 것이 중요하다는 걸 알았기 때문이다.

1990년대부터 민감성에 관해 많은 연구를 해온 미국의 임상심리학자이자 『매우 민감한 사람』의 저자인 일레인 아론 교수는 그녀 자신도 민감성이 높은 사람으로, 민감성을 선천적으로 타고나는 기질로 보았다. 민감성이 높은 사람들은 아래와 같은 주요 특징이 있으니, 당신의 민감성은 어떻게 발휘될 수 있을지 진지하게 고민해보길 바란다. 당신은 전체 인구의 20퍼센트에 해당하는 특별함을 지닌 사람이다.

- 환경의 미묘함을 잘 인식한다. → 미세한 차이를 잘 알아차리는 관찰력이 뛰어나다.
- 미적 민감성이 높다. → 뇌의 고차원적 시각 영역에서 높은 활성화를 보인다.
- 자극 정보의 처리 수준이 깊다. → 여러 정보를 깊은 수준에서 정교하게 처리한다.
- 강한 감정적 반응을 보인다. → 부정적 감정에 취약할 수 있으나, 긍정적 감정도 크게 깊이 느끼고 오래 가져갈 수 있다.
- 타인의 감정적 단서에 쉽게 공감한다. → 자신뿐 아니라 타인에게 나타나는 감정적인 변화를 잘 알아차리고 공감한다.

하지만 입력된 자극 정보가 부정적인 감정을 불러일으킨다면, 마찬가지로 빠르게 부정적인 감정으로 빠져들 수 있다. 여기에 함정이 있다. 더 잘 포착할 수 있어서 환경에 그만큼 잘 대처할 수 있지만, 반면에 환경의 부정적 자극(예를 들어 위협이 될 만한, 기분을 상하게 하는 자극)에 대해서도 강한 감정적 반응이 촉발될 수 있기에 그만큼 우리 신경도 쉽게 피로해진다. 민감성이 높은 사람들이 자극에 대한 자신의 반응을 잘 관리하지 못하면, 늘 지치고 피로하다.

몸과 마음이 지치고 피곤해지면 우리는 감정적인 반응에 대해 여유롭게 지켜보기 힘들다. 그뿐만 아니라 객관적인 관점을 취하기도 어렵다. 자신도 모르는 사이에 지친 감정들이 날카롭고 뾰족한 생각이나 행동으로 분출되고 만다. 민감성이 높은 사람들이 주의해야 할 점 중 하나다.

자신의 예민한 관찰력과 섬세함이라는 축복이 고약한 성질로 표현되지 않도록 해야 한다. 평소 많이 지치고 피로감이 심한 상태라면, 자신이 관찰하고 파악한 자극에 대해 섣불리 판단하지 말고, 조금 더 묵혀두면서 마음에 여유가 생길 때 다시한번 되짚어보는 것이 필요하다. 포착된 감각이 우울이나 불안, 분노와 같은 특정한 감정으로 곧장 돌진하지 않도록, 그 감각이 의미하는 것을 시간을 두고 제대로 알아보는 것이다. 미세한 차이를 포착하는 능력은 기가 막히게 좋지만, 포착된 것을 정확하게 분석하지 못하고 내용을 제대로 해석하지 못한다면 이것은 안 한 것만 못한 것이 되고 만다. 날카로운 포착만큼 중요한 것은 그것이 가지고 있는 진짜 의미를 정확히 아는 것이다.

우리는 종종 이 부분에서 실수를 저지른다. 지난날 자신이 굳게 믿어왔던 생각이나 판단을 재정비할 생각을 하지 않고, 자신이 경험했던 과거의 관습대로 사실에 주관적인 판단을 덕지덕지 덧붙이다 보면, 포착된 정보가 변질된다. 민감성이 다른 방향으로 변질되는 순간이다. 이러한 위험성을 우리가 미리 알고 대처할 수 있다면, 예민함이 그야말로 복덩이가 아니고 무엇이겠는가.

민감성을 예리하게, 그러면서도 적절한 타이밍에 잘 활용하려면 자신의 민감성이 선한 의도로 발전할 수 있도록 스스로를 도와주어야 한다. 세상을 향해 감각을 열어놓되, 시간을 두고 음미하면서 급하게 끓어오르지 않게 하는 것! 민감성을 관리할 때 우리는 민감성의 축복으로 남들과 다른 독특한 아이디어, 창의적인 작업, 공감적인 관계를 발전시킬 수 있다.

나의 민감성은
전체 인구의 20퍼센트에게만 주어진
특별한 선물이다.

만만한 사람 아닙니다

소위 '리액션 부자'라 불리는 사람들이 있다. 특히 진심 어린 반응을 해주는 사람들. 나 또한 종종 "리액션이 참 좋으시네요. 상담사라 그러신가"라는 말을 종종 듣는다. 하지만 이건 상담사여서가 아니라, 원래부터 내가 지닌 성격의 일부분이다. 아주 가끔은 상대의 말을 굳게 믿고 진심 어린 리액션을 했다가 놀림당하기도 했다.

대학생 시절 선배들은 진지한 내게 자주 농담을 던지고, 내 반응을 보며 배꼽 잡고 웃곤 했다. 그때는 그런 나의 모습도 선배들의 행동도 싫지 않았다. 그런 농담 속에서 나 또한 수줍게 웃을 수 있었고, 그들도 적당히 놀려 먹기 좋은 나를 진정으로 아껴주고 그 순진함을 좋아해주었기 때문이다.

"난 군대에서 뱀 많이 잡아서 일찍 제대했어."

"정말요? 뱀을 그렇게 많이 잡았어요? 우와 대단하시네요."

"아, 내가 뱀 잡는 실력 하나는 기가 막히지."

"뱀 많이 잡아서 제대도 빨리할 수 있고 진짜 좋네요."

"하하하."

"……잉?"

어디 가서든 예의 바르게 행동하려고 하고, 혹시나 다른 사람에게 상처를 입힐까 봐 신경 쓰는 사람, 그래서 허튼 말을 입 밖으로 내뱉지 않으려고 노력하는 사람들을 자주 본다. 이런 사람들은 행여나 자신이 누군가에게 손해를 끼치지는 않을까 전전긍긍하며 관계 속에서 주변을 부지런히 살핀다. 자신이 내뱉는 말 한마디와 행동이 다른 사람들에게 어떤 영향을 미칠까 봐 조심하고 뒤돌아 자신의 행동을 반성하곤 한다. 그러다 보니 이들의 겉모습은 어딘가 모르게 한껏 움츠러든 것처럼 보이기도 하고 뭐든지 다 받아줄 것처럼 보이기도 한다. 스스로 몸을 낮추는 이들의 모습이 누군가에게는 마치 이들을 만만하게 대해도 된다는 허용의 의미로 비치기도 한다.

나는 개인적으로 이런 사람들을 좋아한다. 이들이 상대방을 지나치게 신경 쓰고 상냥하고 친절하게 대할 때 마음속으로 겪을 어려움과 함께 선한 품성을 볼 수 있기 때문이다. 사실 개인주의가 팽배한 사회에서 타인에게 상냥하고 친절하기란 얼마나 어려운 일인가. 또 몸에 밴 이런 태도가 때로는 성가시게 느껴지기도 할 것이다. 나 또한 이런 특성 때문에 불편함을 느낄 때가 있다.

자기 자신보다 타인을 먼저 염두에 두고 배려하는 것은 사실 쉽지 않다. 반사회적인 성향이 강한 사람들은 아마도 이들을 절대 이해할 수 없을 것이다. "인간의 이기적인 본성을 거스르며 이타적으로 된다는 것이 말이 되는가?", "이들은 위선자가 아닌가?" 하고 반문할지도 모른다.

타인의 입장을 우선하여 생각하는 습성은 여러 이유로 설명할 수 있다. 그중에서 가장 설득력 있는 설명은 바로 이거다. 타인과의 교제에서 스스로 안전감을 느끼기 위해서 우호적인 행동을 먼저 하려는 무의식적인 의도가 자리하기 때문이라는 것이다. "저 나쁜 사람 아니에요. 당신을 해치지 않아요"라는 메시지는 타인이 이들에게 공격적이거나 사나운 태도를 보이지 않아도 된다는 것을 은연중에 전한다. 이들은 평화로운 접근 방법을 통해서 '내가 평화롭게 다가갈 테니 당신도 그래 주시길 바랍니다'라는 내면의 욕구를 충족하고자 하는 것이다.

또 다른 의미에서는, 다른 사람들에게 좋은 사람으로 각인

되고 싶은 마음에서일 수도 있다. 다른 사람들에게 나쁜 사람으로 인정받고 싶은 사람은 없을 것이다. 이왕이면 괜찮은 사람, 예의 있는 사람, 좋은 사람으로 보이고 싶다. 이것은 사회생활을 하는 데도 어느 정도 유리하다. 요즘에는 "까탈스러워도 일만 잘하면 됐지, 그래도 저 사람 유능하잖아"라는 말로 유능성을 지나치게 인정하는 분위기도 없지 않다. 하지만 이런 사람들은 팀의 효율을 끌어올려주는 사람일 뿐 정말로 마음에서부터 친하게 지내고 싶은 사람은 아닐 가능성이 크다.

먼저 상냥하게 다가와 주고 다정하게 손을 내밀어주는 사람은 상대에게 따스한 온기를 퍼뜨린다. 내면에 품고 있는 정情을 무한 재생산하며 퍼뜨리는 사람. 이런 생각과 태도를 지닌 사람은 진정한 평화주의자이다. 그런데 사회에는 가끔 이런 사람들을 노리는 악당들이 있다. 상냥하고 친절하며 타인을 배려하는 게 몸에 밴 사람들을 도리어 호구로 보는 것이다. 관계에서 갈등을 일으키지 않고자 노력하는 이들을 어떻게 하면 이용할 수 있을까를 궁리하는 사람들이 있다는 것은 참으로 안타까운 일이다.

우리가 다른 사람들과 우호적으로 지내고 협력하는 것이 인류의 역사에서 얼마나 중요한 의미가 있는지를 잘 설명하는 저서가 있다. 《다정한 것이 살아남는다》의 저자 브라이언 헤어 Brian Hare는 호모사피엔스가 열악한 조건을 견디고 현생 인류로서 유일하게 살아남은 인류가 되기까지 가장 중요했던 행동을 언급했다. 생존하는 데 유리했던 그 행동은 바로 서로를 지켜주고 갈등을 원만하게 해결하고 다정하게 지내는 것이었다. 우리 인류는 서로서로 다정하게 보살피고 도우면서 '함께'의 가치를 발전시켰고, 이를 통해 지금까지 더 큰 발전을 이뤄왔다는 것이다. 자기밖에 모르고, 타인을 배척하며 착취하는 생명체는 오히려 잠깐 반짝이다가 떨어지는 별과 같은 존재로 사라졌다.

작고 평범한 평화주의자는 눈에 띄지 않는 미미한 존재처럼 보일 수 있지만, 이들이 관계의 구석구석에서 보이지 않는 마음으로 돌보고 보살핀 것들이 우리 사회 곳곳에서 작은 빛을 만들어내고 있다. '아직 세상은 살 만하구나'라고 느낄 때는 다름 아닌 이런 평화주의자들이 만들어내는 작고 소소한 다정함을 만날 때이다. 닫히는 문을 붙잡아주는 잠깐의 손길에서, 갓난아기를 보고 방긋 웃으며 먼저 인사를 건네는 미소에서, "감사합니다. 좋은 하루 보내세요"라고 인사하는 카페 직원의 밝은 목소리에서, 실수에도 너그럽게 웃어넘기는 선배의 눈빛에서 말이다. 우리는 이러한 다정함 속에서 경계를 늦추고, 편히 마음먹고 살아도 된다는 것을 배운다.

다만 이들이 타인을 배려하느라 자신을 돌보지 못하고, 상처 속에 있는 것만은 막고 싶다. 당신이 만일 친절하고, 상냥하며, 타인에 대한 배려로 무장되어 있기 때문에 자주 상처받고 의기소침해진다면, 자기 자신을 잘 돌보고 알아주는 시간을 더 자주 가졌으면 한다.

자신을 돌보는 가장 간단한 방법은, 타인에게 받고 싶은 배려와 감사, 존중을 그대로 자기 자신에게 해주는 것이다. 내가 다른 사람에게 보이려는 친절한 행동을 똑같이 자기 자신에게 돌려주면 된다. 그런 후에 다른 사람에게도 해주자. 예를 들어 다른 사람에게 "이거 한잔 드시겠어요?"라고 무언가를 권하고 싶다면, 자기 자신에게도 권해보자. "샛별아 이거 한잔할까? 따뜻한 볕을 쬐며 커피 한잔 마시면 참 좋을 것 같은데, 한잔해"라고 자신에게도 그 좋은 것을 줘라. "피곤하시겠어요. 여기 앉아서 쉬세요"라고 누군가의 지친 몸과 마음을 위로해주고 싶다면, "아 오늘 참 고단한 하루였지. 여기 잠시 앉아 쉬자. 다리야, 고생했다. 덕분에 오늘도 잘 버텼다" 하고 자신의 다리를 톡톡 두드려주는 것이다. 내 몸과 마음도 타인의 것과 똑같이 소중하게 여기고 말을 걸어주며 정성스러운 손길로 쓰다듬어보자.

내 몸과 마음을 마치 귀한 손님 대하듯 하는 것도 좋다. 처음에는 어색할 수도 있지만, 자기 자신과의 대화는 정말 큰 힘이 있다. 자기 자신과 대화하는 셀프 토크self talk는 효과적인 마음 훈련 방법이다. 꾸준하게 활용하면 자기 자신을 한 번 더 알아주고, 사랑하게 될 수 있다. 부디 자신이 지닌 배려심과 다정함과 보살피려는 마음을 '부질없는 것'이라고, '쓸데없는 짓'이라고 폄하하지 않길 바란다. 그 마음은 인류의 평화적인 생존을 가능케 하는 위대한 마음이니까.

흔들려야 중심을 찾는다

""제 아이에게 틱이 있어요"라는 말을 남들 앞에서 내뱉는 것은 쉽지 않은 일이다. "우리 아이가 독감에 걸렸어요", "우리 아이가 좀 까다로운 기질을 가졌어요"라고 말하는 것과는 차원이 다르게 느껴진다. 왜일까? 그건 많은 사람이 틱 장애를 가진 아이에게 보내는 곱지 않은 시선과, 그 부모에 대해 오해할 것이 충분히 예상되기 때문이다.

어떤 사람들은 틱장애가 있는 아이의 부모를 강압적이거나 까다로운 인성을 지닌 부모가 아닐까 의심하기도 한다. 틱장애가 스트레스에서 기인한 발달장애라고 오해하는 사람들이 많은 게 현실이다. 틱장애는 단순히 스트레스성 장애가 아니다. 그런데도 부모는 이들의 편견을 바로잡기보다는 잠자코 그들의 오해를 지켜보는 수밖에 없다. 이미 부모는 아이가 보이는 행동에 크게 상심하고 도와줄 수 없다는 무력감에 놓여 있어 그 이상의 힘을 내기가 고되다. 또 뿌리 깊은 사회적 편견에 맞선다는 것이 얼마나 힘든 일인가. 사람들이 던질지도 모르는 무언의 비난을 등에 업고 이들은 한없이 지치고, 절망의 늪에 빠져들어 간다.

사실 틱장애는 뇌의 기질적 요소가 가장 크게 작용하는 신경발달상의 장애이다. 틱장애의 기질적 요소를 가지고 태어난 아이에게서 스트레스는 단지 증상의 발현을 도와주는 요소일 뿐이다. 그래서 이 병 앞에 부모가 할 수 있는 일은, 그나마 증상이 더 심해지지 않도록 스트레스 관리를 도와주는 것뿐이다. 결국 질병을 호전시키는 데 10퍼센트의 영향력도 미치지 못하는 스트레스라는 요소로 전전긍긍한다고 해야 할까. 실제로 주변 환경을 바꾸려는 노력이 얼마큼 영향력을 미칠지 우리는 알 수가 없다. 아무리 아이의 정서 관리, 수면 관리, 식단 관리를 부지런히 돕는다고 해도 그런 노력이 미치는 영향은 그 노력에 비해 매우 적다는 것만 어렴풋이 알아가며 하루하루 희망과 절망 사이의 줄타기를 한다. 타고난 기질을 완전히 거스를 수는 없기 때문이다. 그래도 부모이기에 아이와 함께 그 지난한 과정을 사랑으로 버티는 것이 아닐까.

미국정신의학협회(APA)에서 발간하는 정신질환 진단 통계 매뉴얼(DSM-V)에 따르면, 틱장애는 신경발달장애 중 하나로, 보통 18세 이전에 나타나는 불수의적이고 반복적인 운동이나 발성 등을 보이는 장애를 뜻한다. 가볍게는 눈을 깜박이고, 손가락을 까딱이는 정도부터 심하게는 여러 운동 장애가 복합적으로 나타나는 경우도 있다(복합적으로 나타나는 경우를 '뚜렛장애'라고 한다). 말 그대로 갑작스러운 몸의 움직임이 의지와 상관없이 반복적으로 나타나는데, 자신의 증상을 스스로 자각하지 못한다. 틱 증상이 나타날 때는 마치 잠시 전원이 꺼졌다가 켜진 느낌이다. 전원이 나간 사이에 자신의 몸에서 벌어지는 불수의적 운동을 알지 못하는 것이다. 타인만이 지금 눈앞에 벌어지는 광경을 똑똑히 보게 된다. 틱을 오랫동안 겪었거나 특별히 증상에 대한 자각 훈련을 받은 사람들은 증상을 자각하기도 하지만, 어린아이는 그렇지 못하다. 어느 정도 수준 이상의 감각 능력과 인지능력이 발달해야 그런 훈련도 가능하기 때문이다. 게다가 틱장애를 가진 아이들의 상당수가 강박 행동을 함께 보이기도 한다. 이렇게 반복적으로 일어나는 갑작스러운 틱 행동과 강박적으로 변해가는 아이를 가장 자주, 가까이에서 지켜보는 타인은 보통 부모일 수밖에 없다.

은미 씨는 7세부터 시작된 아이의 틱 앞에서 정말 많이 숨죽여 울었다. 살면서 아이에게 줄 수 있는 가장 값진 것이 있다면 그것은 정서적인 평온함, 사랑 같은 것들이라고 늘 생각해온 그녀였다. 공부 잘하고 남부럽지 않은 직업 같은 외적인 성장보다 더 중요한 것이 내적으로 안정된 정신과 마음을 가진 아이로 자라게 돕는 것이라고 여겨왔다. 특히 은미 씨는 자신의 결핍을 아이에게 대물림하고 싶지 않았다. 다행히 은미 씨나 그녀의 남편은 다정한 사람들이었고, 자신들의 결핍된 부분들로 아이를 괴롭히지 않기 위해 깨어 있고자 노력하는 사람들이었다. 그런 그녀에게 아이의 틱 증상은 너무 괴로운 일이었다. 자신이 지금 어떤 행동을 하는지도 모르고 특정한 행동을 반복하는 아이를 지켜보는 일은 정말 끔찍했다. 지금까지 알고 있던 아이와는 다른 아이가 눈 앞에 있는 것 같았다. 잠시 다른 아이가 되었다가 돌아오곤 하는 내 아이. 해맑게 웃고 소통할 수 있는 아이가 아닌, 불통과 이해 불가한 모습 속에 있는 아이를 받아들이는 일은 참으로 아팠다. 고통스럽지만 그렇게 변해버린 모습의 아이를 받아들이는 것 또한 당연한 일이었다. 은미 씨가 세상에서 가장 아끼고 사랑하는 아이니까 말이다.

아이가 가진 장애를 바라보는 부모의 마음에는 아이가 장차 겪게 될 험난한 삶의 여정이 머릿속에 펼쳐질 것이다. 사람들의 부정적인 시선들, 이런 시선으로 움츠러들 아이의 모습, 변해가는 성격, 아이가 맞닥뜨릴 온갖 장애물이 무섭게 돌진하는 거대한 파도처럼 불안과 두려움을 몰고 올 것이다. 그 거대한 파도 앞에서 할 수 있는 일이 별로 없다는 무력감과 절망감은 또 어떠할까. 아무것도 모르는 순수한 아이에게 닥쳐올 무서운 미래 앞에서 부모들은 그야말로 공포와 패닉에 빠질 수밖에 없을 것이다. 어떤 부모는 신경정신과를 찾기도 하고, 여러 심리상담센터에 놀이치료를 의뢰하기도 한다. 운동을 통해서 장애를 극복하기 위해 운동감각치료 기관을 찾기도 한다. 한약을 지어 먹이는 부모들도 있다. 지푸라기라도 잡는 심정으로 이들은 할 수 있는 모든 방법을 동원한다. 이러한 노력이 때로는 아이 각자가 지닌 병의 특성에 따라, 또는 아이의 기질에 따라 병의 호전에 도움이 되기도 한다. 어떤 경우는 미미한 도움에 그치기도 할 것이다. 하지만 안 할 도리가 없다.

은미 씨도 비슷했다. 할 수 있는 한 병원에도 다니고, 놀이치료도 받고, 운동센터에도 다녔다. 매일을 아이의 치료를 위해 들고 나고 뛰다 보니 몸과 마음이 지칠 대로 지쳐 녹초가 되곤 했다. 남편과도 자주 갈등을 빚었다. 은미 씨와 다른 성격의 소유자인 남편은 은미 씨와는 치료에 대한 방향이 달랐고, 공포에 가까운 불안감에 시달리던 그녀는 남편과 의견이 어긋날 때면 공격적으로 변해 불안감을 남편에게 전이시켰다. 또 아이의 병에 나쁜 영향을 준다고 믿었던 밀가루, 유제품, 설탕을 아이가 먹지 못하게 필사적으로 막았다. 한창 과자며 음료수 같은 단것에 열광하는 유치원생이었으니 먹지 못하게 하려는 은미 씨와 먹으려는 아이의 투쟁이 매일 이어졌다. 은미 씨는 아이의 병을 관리하기 위해 강박적으로 아이를 통제하고 있었다.

그러던 어느 날 은미 씨는 다니던 놀이치료센터의 치료자에게 이런 말을 들었다.

"아이에게 필요한 걸 갑작스럽게 단번에 줄 수는 없어요. 조금씩 점진적인 노력이 필요하죠. 아이가 스스로 해보다가 지나치게 먹으면 배탈도 나고, 이도 아파서 병원에도 다녀보고 해야 '내가 이렇게 먹으면 안 되는구나' 하고 스스로 조절하는 힘이 생겨요. 그렇게 할 수 있도록 도와주셔야 해요."

은미 씨는 너무도 당연한 이치를 잠시 잊고 있었다. 당분 (설탕)이 틱에 나쁜 영향을 준다는 보고서를 읽고, 식단 조절을 해야 한다는 강박관념에 시달리던 은미 씨. 아이가 먹는 초콜 릿, 사탕, 젤리 같은 당류 음식을 줄이려고 그동안 지나치게 애 를 썼다. 은미 씨는 자신의 강박적인 생각과 행동이 자신을 그 토록 지치게 하고 있었는데도 아이의 나쁜 습관을 통제해야 한 다는 생각에만 몰두되어 자신을 잊고 있었다. 그뿐 아니라 은 미씨에게는 병만 보이고 아이가 보이지 않았다. 아이를 행복하 게 해주고 싶다는 마음, 아이가 병으로부터 해방되기를 바라는 그녀의 선한 의도와 바람이 지나친 해결 노력과 통제에 가려져 보이지 않았다.

놀이치료센터의 치료자가 한 말은 너무도 중요하면서도 단 순한 핵심이었다. 아이의 자율적인 조절 체계가 작동할 수 있 도록 허용하고 기다려주라는 것이다. 늘 자율성을 중요한 삶의 가치로 삼아왔던 은미 씨는 망치로 한 대 얻어맞은 기분이었 다. 우습게도 그녀 자신이 그렇게 중요한 삶의 가치를 아이의 삶에서 발휘되지 못하도록 막고 있었던 것이다. 그 사실을 깨 닫자 은미 씨는 오히려 속이 후련해지고 마음이 한결 편안해졌 다. 이제 그만 그 강박을 내려놓아도 좋다고 허락을 받은 기분이었다. 자신을 조금 내려놓아도 될 것 같았다. 그리도 힘들게 버티려고만, 통제하려고만 했던 자신의 걱정과 두려움을 이제는 정말로 내려놓아야 한다는 것을 그제야 실감했다. 그 실감 이후 이상하리만치 평온했다.

은미 씨의 사례처럼 우리에게는 너무도 소중한 존재에게 닥친 불행을 내 것처럼 아파하고 공감할 수 있는 능력이 있다. 혹시 그 능력이 조금 부족하다고 해서 걱정할 필요는 없다. 공감력은 연습을 통해서도 길러질 수 있으니 말이다. 마치 나 자신처럼 혹은 자기 자신보다 더 소중하게 여기는 사람이 몹시 아플 때, 우리는 내 아픔처럼 어쩌면 그보다 더 많이 함께 아파하곤 한다. 그러다 보면, 그 아픔을 안고 살아가야 하는 사람이 내가 아닌 상대방이라는 것을 깜박 놓쳐버릴 때가 있다. 은미 씨도 그랬다. 그 병을 안고 살아가야 하는 건 그녀가 아니라 아이라는 걸, 그것은 그녀의 삶이 아니라 아이의 삶이라는 것을 깨달았다.

지치고 흔들리는 마음을 여전히 감당하기 어려웠지만, 끝내 은미 씨는 흔들리는 인생의 열차에서 뛰어내리지 않고, 소중한 사람들과 함께 흔들려가며 마음을 더 단단히 붙들기로 했다. 기꺼이 아이가 지닌 장벽을 함께 넘어가기로 했다. 흔들려도 함께 중심을 잡아나갈 가족이 있기 때문이다.

이전에 없던 질병 혹은 예정된 고난과 함께 남은 삶을 살아가야 한다는 것은 매우 큰 적응 스트레스를 가져오는 일이며, 이런 상황에서 마음의 중심을 잡아가는 것은 정말 어려운 일이다. 평형대에 올라본 적이 있는가? 평형대가 땅에서 멀리 떨어져 높이 있을수록 우리가 심리적으로 느끼는 압박은 더욱 크다. 현실에 발 붙이고 서 있기 힘들 정도로 큰 변화가 한꺼번에 몰아닥칠 때, 마치 높이 떠 있는 평형대 위에 있는 것처럼 우리는 더 큰 위협을 느끼게 된다. 큰 위협 앞에서 허둥대는 것은 어쩌면 당연한 일이다. 처음부터 평형대에서 중심을 잡을 순 없다. 중심을 잡아가기 위해 허공을 여러 번 휘저으며 흔들리는 자만이 자기의 무게중심이 어디에 있는지, 균형점을 꿰뚫을 수 있다. 허우적거리는 흔들림이 있어야 중심을 찾아갈 수 있는 것이다. 타인의 무게중심이 아닌, 나만의 무게중심에 대한 감각을 익히려면 흔들림을 허용하는 마음이 있어야 한다. 흔들림을 통해 중심을 만날 수 있다는 믿음이 있어야 한다.

지금도 우리는 여전히 중심을 잡아가는 중이다. 크고 작은 삶의 고난들 앞에서, 상처들 앞에서, 우중충하고 앞이 보이지 않는 미래 앞에서. 우리가 살면서 겪어 나가게 될 역경을 다 예측하고 대비할 수는 없는 일이다. 때로는 더 높은 파도를 만나고, 때로는 유순한 파도를 만날 수도 있다. 주변 환경이 예상치 못한 방식으로 흘러가기도 하고, 감당할 수 없을 것 같은 크기로 덮쳐올 수도 있다. 그것이 어떤 모양으로 어떤 크기로 오든 간에 속절없이 그 영향력 아래에 있을 수밖에 없을 때도 있을 것이다. 그토록 가고 싶던 회사에 취업했지만, 세상에 없던 악마 같은 상사가 기다리고 있다면? 너무 좋아했던 일을 하게 되었지만, 일상을 유지할 수 없을 만큼 박봉에 생활이 팍팍해진다면? 사랑하는 사람의 배신을 알았다면? 예상치 못한 삶의 변주곡 앞에서 우리의 마음은 여지없이 허우적거리기 마련이다. 이때 우리가 할 수 있는 일은 허우적대며 삶의 중심을 찾아가려는 마음에 조금 더 열려 있는 것이다.

흔들리며 중심을 잡아가는 노력은 잠시 한다고 해서 바로 빛을 볼 수는 없다. 꾸준히 허우적거림을 받아들이고, 허우적거림 속에서 자신이 어떤 사람인가를 발견하려는 노력이 필요하다. 많이 흔들려봐야 중심을 잡을 수 있기 때문이다. 한창 흔들림 한가운데 있을 때는 정신이 아찔해서 놓치고 있던 것들이 흔들림을 기꺼이 허락하는 순간, 역설적으로 그 흔들림 속에서 중심이 보이기 시작한다. 그렇게 오늘도 흔들리는 대로 자신을 가만히 내버려 두면 어떨까. 그 흔들림이 나의 어떤 중심을 만나게 해줄지 기대하면서 말이다.

경험이란 실수를 계단 삼아 올라가 보는 것

성격의 주요 요소 중 개방성이 있다. 개방성은 성격의 다섯 가지 요인 이론에 포함되어 있는 성격 특성 중 하나이다. 1980년대의 심리학자인 골드버그Goldberg가 이전에 자주 언급되어왔던 성격을 구성하는 여러 요인에 관한 이론을 다시 정리하면서 다섯 가지를 발견하고 이를 '빅 파이브Big Five 모델'이라고 불렀다. 여기에는 개방성, 성실성, 신경증, 외향성, 우호성이 들어간다.

이 중에서도 특히 개방성은 사람들이 얼마나 삶을 긍정적으로 살아갈 수 있는가, 얼마나 건강하게 삶을 꾸려갈 수 있는가와 관련이 큰 성격 요인이다. 다른 성격 요인들은 건강한 삶과 연결해 설명될 때도 있지만, 어떤 경우에는 부정적인 역할을 할 때도 있다. 그러나 유독 개방성이라는 성격 특질만큼은 대체로 삶에 긍정적인 영향을 미치는 것으로 알려져 있다. 큰 이견 없이 대체로 긍정적인 삶의 질과 관련되어 있다는 것이다. 여기서 개방성은 경험에 대한 열린 태도를 말한다.

개방성이 높은 사람은 주변에서 벌어지는 다양한 현상에 호기심이 많다. 어떤 연유로 그러한 일이 일어났는지를 궁금해 한다. 또한 나와 다른 특성을 지닌 사람들에 대해서도 호기심이 많다. 때로 평범하지 않은 행동을 하는 사람이 있거나 다른 직업을 가진 사람에 대해서도 궁금해하고, 전통적인 가치에서 벗어나는 일에 대해서도 열린 마음으로 대한다. 여기서 말하는 호기심은 다른 사람들의 부정적인 측면에 대한 지나친 관심과는 거리가 멀다. 모든 것은 긍정적인 측면과 부정적인 측면을 다 가지고 있다. 부정적인 부분에만 관심을 기울이는 것이 아니라, 그 상황에 내포된 긍정적인 영향과 특성에 골고루 관심을 두는 것이다.

어떤 경험에서 부정적인 측면만 보려고 하면 열린 마음을 갖기 어렵다. 호랑이 굴에 사나운 호랑이만 있다고 생각한다면 호랑이 굴에 들어설 용기가 차마 나지 않을 것이다. 그런 용기를 내야 할 이유도 없으리라. 그러나 호랑이 굴에 들어가서 호랑이와 싸움을 잘 이겨냈을 때 값어치 있는 무언가를 손에 쥘 수 있다는 희망이 있다면 호랑이와 맞대결할 의지가 생겨날 수 있다. 그런 희망과 긍정적인 기대가 우리에게 다양한 경험(호랑이 굴에 들어가는)에 열린 마음을 갖도록 한다. 그러니 경험에 열린 자세를 취하려면 그 경험이 가져다줄 부정적인 결과와 영향만 보려고 하지 않고, 그 경험으로 우리가 누릴 긍정적인 가치를 보려고 해야 한다.

한번은 지인이 전화를 걸어왔는데, 동생이 대인관계로 힘들어한다고 했다. 마치 엄마가 아이를 대하듯 터울 많은 동생을 애지중지하는 지인이었기에, 동생의 어려움에 발 벗고 나서고 싶은 마음이 헤아려졌다. 동생이 겪는 어려움이 특별하다고 설명하면서 어떤 도움을 주는 것이 좋을지 의논해왔다. 상담을 업으로 하는 나에게 지인은 상담을 받아보고 싶다고 했다. 간단히 상담이 어떤 방식으로 이루어지고, 상담을 받기 위해 어떻게 하는 것이 좋은지를 차근차근 알려주었다. 이미 지인도 여러 매체를 통해 알아본 상황이어서 잠자코 이야기를 듣고 물으면서 상담을 받아보기로 마음을 굳힌 듯 보였다. 그런데 마지막에 지인은 한 번도 해보지 않아서 선뜻 결정을 못 하겠다고 했다. 이미 이 일로 두 달 남짓을 고민하며 이 사람 저 사람과 이야기도 나누고 인터넷에 부지런히 검색도 해왔는데 여전히 머뭇거리고 있었다.

상담 문의를 받다 보면, 결심이 확고하여 곧바로 상담을 예약하는 분도 있고, 충분히 설명한 것 같은데 여전히 고개를 갸우뚱하는 분도 만나게 된다. 아무리 전문가라 해도 낯선 이에게 자신의 내밀한 속사정을 줄줄이 털어놓고 처방을 바라는 것이 쉬운 일은 아니다. 나 또한 상담이 필요할 때 얼마나 많은 상담사를 수소문하며 고민했었던가. 그들의 자격 사항이며 학력, 전공, 경력에 입소문까지 속속들이 알아낸 후에도 수차례 고민과 결정 사이를 오갔었다. 어떤 사람이 나와 잘 맞을지, 혹시 공격적인 느낌이 드는 상담사를 만나면 어쩌지 하는 불안한 마음도 들었다. 간간이 들려오는 이야기는 돌팔이 상담사를 만나오히려 상처가 덧나는 사람도 있다고 한다. 공개된 이력만 가지고, 어떤 상담사가 자신과 맞을지, 상담사의 성품이 어떨지속 시원히 알 수 없으니 그 선택과 결정이 오죽 힘들까.

하지만 "상담을 받아보는 것도 경험이다"라고 말할 수밖에 없다. 소설가 김연수의 《시절일기》에서 "경험은 실수를 쌓아가는 것"이라고 했다. 정말 공감하며 무릎을 쳤다. 상담사를 선택하고 상담이라는 독특한 관계에 들어가 보는 것도 경험이다. 아직 어떻게 될지 확신할 수 없지만, 실수할 것을 오히려 당연히 여기고 경험하는 것만이 그다음을 만날 수 있게 해준다. 상담이 맞지 않는다면, 다른 상담사를 혹은 다른 방법을 찾아봐야 한다. 한 가지 방법이 모든 사람에게 똑같은 해답이 될 수는 없다.

인생이라는 숲을 걷다 보면 그늘진 곳을 지나기 마련이다. 햇빛 한 줌 만날 수 없는 퀴퀴한 냄새를 풍기는 웅덩을 지날 때는 그곳을 빠르게 벗어나고 싶어진다. 인생살이의 웅덩에서 자신은 어떤 경험을 두려워하는지 한번 살펴볼 일이다. 간절하게 원하지만 실수를 두려워해서 경험을 미루고 있는 것이 있는지, 자기 자신을 확신하지 못해 망설이느라 시간을 낭비하고 있는 것은 아닌지, 똑같은 상처가 되풀이될까 봐 뒷걸음질 치고 있지는 않은지.

과거에 어떤 실수와 좌절을 했든 그것은 과거에 경험한 일이다. 비슷한 일을 되풀이하지 않으려면 과거에 가졌던 마음과는 다른 마음으로 행동해야 한다. 과거와 같은 마음으로 상황을 풀어가려 하면서 과거와 다른 결과를 얻고자 한다면 그만큼 어리석은 일은 없다. 알베르트 아인슈타인도 이와 비슷한 말을 했다.

☕ "매번 똑같은 행동을 반복하면서 다른 결과를 기대하는 것
은 미친 짓이다."

이전과 다른 결과를 얻길 바란다면 이전과는 다른 행동 또
는 다른 시도를 해봐야 한다는 말이다. 원하는 바에 맞게 행동
도 변해야 한다. 예를 들어 중간고사 때 영어 공부를 3시간 하
고 70점을 맞았다고 해보자. 그런데 기말고사 때도 이와 비슷
하게 3시간 반을 공부했으면서 '이번 기말고사를 잘 봤으면 좋
겠다'라고 속으로 바란다면 잘못된 기대를 품고 있는 것이다.
이전의 공부 방법에 특별한 문제가 없었고 이번 시험에서 100
점을 노린다면 적어도 5시간 이상은 공부해야 더 높은 점수를
얻을 수 있지 않을까. 그게 아니라면 이전과는 다른, 더 나은
전략을 실천해야 더 나은 점수를 기대할 수 있다. 이전의 경험
을 넘어서는 노력 없이 그 이상의 점수를 갈망한다면 어불성
설이다.

완전히 새롭지는 않더라도 내 삶에 풍부한 경험을 허용하
는 마음은 자신의 한계를 조금씩 시험해 볼 수 있게 한다. 늘 자
신의 한계를 시험하며, 한계를 뛰어넘으며 사는 것은 고통스러
울 수 있다. 한계를 반드시 넘어야만 하는 것도 아니다. 다만,

당신이 삶에 어떤 발전이 필요하다고 느낀다면 이때는 한계를 건드리는 경험이 발전에 도움이 될 수 있다. 한 발짝 앞으로 나아가야 한다는 마음의 소리가 들린다면, 지금 이대로 있지 말라는 마음의 두드림이 있다면, 그때는 경험을 통해 배워보는 것이다. 새로운 경험이 자신을 어디로 데려가 줄지, 자신이 그 경험을 어떻게 받아들일지 호기심을 가지고 경험에 뛰어들어 보는 것이다.

경험하기를 꺼린다면 거기에 도사린 오래된 자신의 생각 패턴을 살펴보자. 새로운 시도와 경험을 방해하는 생각이 숨어 있을 수도 있다. 새로운 경험을 두려워하게 만드는 숨은 생각 말이다. 예를 들어, '이걸 하면 ~하고 말 거야. 하고 나서 후회하는 것보다는 안 하고 후회하는 게 낫지. 실패하면 사람들이 날 어떻게 생각할까. 실패하고 손해 보는 것보다는 안 하는 게 나은 거야. 실패는 돌이킬 수 없는 오점이 될 거야' 같은 생각들이 머릿속에 자리하고 있는 건 아닌지 가만히 귀 기울여보자. 이번에는 자신의 생각을 옆으로 치워두고, 그런 경험에 대해서 주변의 지인들은 어떻게 생각하는지 가볍게 들어보는 것도 좋은 방법이 될 수 있다. 나와 다른 경험치를 쌓아온 사람들이 그 경험에 대해 어떤 시선을 가졌는지를 알아보는 것도 꽤 재미있는 일이다. 경험이 실수라는 계단을 밟게 했다 하더라도, 우리는 어쨌든 하나의 계단에 올라선 것이니 그것대로 발전이 아닐까. 실수라는 계단에 당당히 올라서는 용기로 하나씩 계단을 오르다 보면, 어느덧 실패의 두려움을 삶의 무기로 활용하게 될 것이다.

한 발짝 앞으로 나아가야 한다는 마음의 소리가 들린다면
지금 이대로 있지 말라는 마음의 두드림이 있다면
그때는 경험을 통해 배워보는 것이다.

긍정적 언어의 놀라운 힘

———

남편: 별이가 어제 잠을 제대로 못 잤나? 정신이 좀 딴 데 가 있
    네.

아내: 아니, 잠을 잘 못 잔 게 아니고, 젤리 먹겠다는 거 못 먹게
    해서 그래.

남편: 그럼, 심통이 난 건가? 심통 난 건 아닌 것도 같고…….

아내: 그게 아니고, 쟤가 뭐 못 하게 하면 꼭 저래.

남편: 그래도 다른 때랑은 좀 다른데…….

아내: 아니야, 쟤 지금 뭔가 짜증 나서 그러는 거야.

남편: …….

　　아침에 남편과 이어진 짤막한 대화 후 샤워를 하면서 문득
이런 생각이 들었다.

"내가 요즘 '아니'라는 말을 자주 쓰는 것 같네."

남편에게 아이의 성향을 똑떨어지게 잘 알려주었다고 생각했지만, 어딘가 모르게 뒤가 찜찜했다. 그 이유를 찾아 계속 탐구해보니, 요즘 내 말버릇에 방점이 찍혔다. 부정하는 말, '아니 No'라는 말을 얼마나 자주 썼던가. 잠시 생각했다.

아이: 엄마! 내가 커피 타줄까?

엄마: 아니. 엄마 지금 커피 마시면 잠 못 자.

아이: 힝. 타주고 싶은데.

엄마: 아니야. 됐어. 우쭈쭈, 엄마한테 뭐 해주고 싶었구나.
　　　 고마워.

아이: 엄마.

엄마: 응?

아이: 근데, 아니라고 말 안 하면 안 돼?

엄마: 응?

아이: '아니!'라고 하지 말고, '엄만 괜찮아'라고 말해주면 좋
　　　 잖아. 기분도 안 상하고.

엄마: ?!

아이: '아니'라고 하니까 너무 딱 잘라 세게 말하는 것 같아

서 기분이 좀 별로야.

엄마: 응, 그랬구나. 엄만 그냥 분명하게 말하느라 그랬는데. 듣고 보니 그럴 것 같네.

이제 겨우 사춘기의 문턱에 들어선 아이도 엄마의 "아니"라는 말이 달게 들리진 않았던 모양이다. 커피를 타주겠다는 기특한 마음을 거절하긴 해도 고맙다고 말해주었지만, 그 앞에 달린 '아니야'라는 말이 그 뒤에 달린 '고마워'라는 말보다 더 큰 역할을 한 셈이다. 부정의 말이 얼마나 큰 위력을 갖는지 다시 한번 깨우쳐주는 일이었다.

회사원 정민 씨가 어느 날 친구들과 모인 자리에서 회사에서 스트레스 받는 일을 이야기했다. 다니는 회사에서 큰 행사를 주최했는데, 행사에 초대된 사람들의 차량 주차 정리를 정민 씨가 맡았다. 그녀가 맡은 업무에 대해 이런저런 걱정을 하기에 친구들이 여러 가지 해결 방안을 함께 찾아주려고 의견을 냈다. 하지만 당사자인 그녀는 다른 친구들이 제안한 방법에 계속해서 "아니, 아니야. 그건 안 돼"라는 말로 받아쳤다. 친구들은 고민하는 정민 씨를 위해 구체적이고 멋진 아이디어를 적극적으로 냈지만, 결국 그 어떤 의견도 정민 씨의 귀에 제대로 들어가지 못했다. 덩달아 함께 의견을 내던 친구들의 얼굴도 굳어갔다.

"아니, 그건 이래서……."
"아니야, 이런 게 있어서……."
"아니 그게 아니라……."

연달아 터져 나오는 '아니'라는 발언에 도와주고자 했던 마음이 쏙 들어가 버렸다. 친구들은 지금 정민 씨에게 도움이 되는 건 아무것도 없다며 잠정 결론을 내리고 다들 잠자코 있었다. 그러자 정민 씨는 어디에서도 도움을 받지 못한다면서 짜증과 억울함을 토로했다. 같은 자리에 있던 친구들은 어이가 없었다. 기껏 도우려고 함께 고민해주었는데, 모든 말에 부정의 언어를 앞세웠던 정민 씨가 야속하게 느껴졌다.

상대방의 말에 '아니요'라는 부정어를 사용해 반응하면, 상대방을 반대편에 서도록 만들기 쉽다. 물론 분명한 의사 전달을 위해 '아니요'라는 말을 적극적으로 사용해야 할 때도 많다. '아니요'라는 말이 가치를 발휘할 때는 그것이 진짜로 '아닌' 일에서이다. 옳고 그름, 좋고 싫음을 가리고 따져서 분명하게 자신의 의사를 전달하고 후속 절차를 명료하게 진행해야 하는 일에서 '아니다'라는 말은 그 자체로 매우 중요한 가치가 있다. '아니요'라고 말하지 못해서 겪는 관계의 손실이나 개인의 손실이 얼마나 큰가. 반대 의사를 명확히 표현해야 하는 상황에서 '아니요'는 가치를 발한다. 예를 들어, "매운맛을 좋아하십니까?"라는 질문에 "아니요. 매운맛을 좋아하지 않습니다"라고 답해야 할 때 '아니요'는 말 그대로 '부정하는' 뜻을 담고 있으니 가치가 있다.

하지만 '반대'나 '저항', '주장'과 같은 분명한 의사를 전달해야 하는 상황이 아니라 입버릇처럼 하는 '아니'라는 말은 좀 더 신중하게 쓸 필요가 있다. 부정의 말은 우리의 마음을 움츠러들게 하는 힘이 있기 때문이다.

상대방의 말에 뒤따르는 '아니'라는 말은 '당신의 이야기는 틀렸습니다', '당신의 이야기는 잘못되었습니다', '그것 말고 다른 거요'라는 뉘앙스를 풍긴다. 즉, 상대방의 말 뒤에 '아니'라는 말을 함으로써 상대의 의견을 충분히 듣지 않은 채로 그 말에 대한 평가나 판단을 먼저 해버리는 우를 범하게 된다. 사람은 누군가로부터 부정적인 평가나 판단을 받았다고 느끼면 마음의 문을 조금 닫게 마련이다. 말투나 태도가 한 개인에 관한 판단은 아닐 거라고 애써 생각하려고 해도, 마음에서는 조금 문을 닫아놓는다. 다음번에 또다시 부정의 언어가 흘러들어 오면 다시 마음의 문은 더 닫히고 만다.

부정의 언어는 인간의 수용 능력을 떨어뜨린다. 설령 부정의 언어에 공격적인 의도가 없었다고 하더라도, 반대하는 말에 진심으로 웃을 수 있는 사람은 아마 없을 것이다. 그저 웃으며 그렇지 않은 척할 뿐이다. 공격받았다고 느끼면 우리의 마음은 자신을 보호하고 방어할 태세를 갖춘다. 상처 입을지도 모른다는 감각이 꿈틀대며, 더는 상처받지 않고자 다음 공격에 대비한다. 이렇게 마음이 닫히면 대화에 적극적으로 참여하지 않거나 상대의 말문을 막아버린다. 더 나아가 상대가 짜증 섞인 표정을 지어 보이며 대화에 어깃장을 놓게 만들 수도 있다. 감정이 격해지면서 언성을 높여가며 불쾌감을 표현할 수도 있다. 부정의 말이 어떤 영향을 미치는지 다음의 대화로 살펴보자.

부정의 언어를 사용했을 때

아내: 여보, 하수구가 막혔나 봐. 물이 잘 안 내려가네.

남편: 아니야, 그거 저번에 별이가 물감을 버려서 그래.

아내: 그래? 근데 물감이면 그냥 다 녹아서 내려갈 텐데.

남편: 그게 아니고, 저번에도 별이가 녹말가루 들어 있는 물
　　　감이랑 뭐 버렸을 때도 잠깐 그랬거든.

아내: 그거 뭐지, 하수구 뚫을 때 부어놓는 거 하나 사 와야
　　　겠다.

남편: 아니, 그냥 뜨거운 물 쭉 부어놓으면 내려갈 것 같아.

아내: 그래도 요즘 좀 자주 막히는 것 같아서. '뚫어펑' 한번
　　　부어보자.

남편: 아니 그럼…… 그래 알았어.

부정의 언어를 긍정의 언어로 바꾸었을 때

아내: 여보, 하수구가 막혔나 봐. 물이 잘 안 내려가네.

남편: 응, 그거 저번에 별이가 물감을 버려서 그래.

아내: 그래? 근데 물감이면 그냥 다 녹아서 내려갈 텐데.

남편: 그럴 것도 같네. 근데 저번에도 별이가 녹말가루 들어
　　　있는 물감이랑 뭐 버렸을 때도 잠깐 그랬거든.

아내: 그거 뭐지, 하수구 뚫을 때 부어놓는 것 하나 사 와야
겠다.

남편: 그럴까, 그냥 뜨거운 물 쭉 부어놓으면 내려갈 것 같
긴 한데.

아내: 그래도 요즘 좀 자주 막히는 것 같아서. '뚫어펑' 한번
부어보자.

남편: 응응, 그래 알았어.

부정의 언어를 사용했을 때와, 부정의 언어를 긍정의 언어
로 바꾸어 사용했을 때가 상당히 다르게 느껴진다. 부정의 언
어를 앞세워 대화할 때는 마치 고구마가 얹힌 듯 대화가 답답
하게 이어진다.

대화의 숨통을 조이고, 순조로움을 방해하는 힘을 갖는 것
이 바로 부정의 언어이다. 유독 어떤 사람과 대화할 때 마음이
답답하고 더는 입을 떼기가 싫어지는 경우를 경험한 적이 한
번쯤 있을 것이다. 그 대화에서 얼마나 자주 부정의 언어가 등
장했는지 떠올려보라.

대화의 시작에 붙는 부정의 언어를 아주 단순하고 간단한
긍정의 언어로 바꾸어보는 것만으로도 대화의 흐름이 부드럽

게 바뀐다. 긍정의 언어는 상대의 말을 일단 존중해주는 태도이다. '당신의 말은 그럴 만한 구석이 있어요', '정말 그렇네요'라고 마음을 전해주는 것이다. 긍정적인 존중을 보여주는 태도로하는 말에 상대방은 더 귀를 기울이고 뜻을 잘 받아들이게 된다. 마찬가지로 그 존중은 나에게서 상대방에게로, 그리고 상대방으로부터 다시 나에게로 흘러들어 온다. 자신을 존중해주는 태도를 보이는 사람 앞에서는 더 자연스럽게 행동할 수 있고, 방어적인 태세를 취할 이유가 없기 때문이다.

긍정적인 말로 시작하는 게 중요한 이유는 이렇듯 상대방도 나에 대한 수용의 창을 활짝 열어두게 만들기 때문이다. 받아들이는 태도는 또 다른 받아들임을 낳고, 수용의 확장으로 길을 안내한다. 받아들일 준비가 되어 있다면 대화는 더욱 순조롭게 흘러간다. '너 어디 한번 제대로 말을 하는지 들어보자'라는 자세라면 대화는 한 마디 한 마디가 험한 산을 넘어가는 것처럼 힘이 든다. 긍정의 언어로 시작하는 한 마디, 너무 단순해서 간과하고 있는 이 부분이 때로는 대화에서 큰 힘을 발휘한다.

전달했다고 전부 도달한 건 아니다
─────

상담실을 찾는 이유 가운데 가장 큰 비중을 차지하는 것이 대인관계의 어려움이다. 학교 친구와의 관계, 선생님과의 관계, 선후배 관계, 동네 엄마들과의 관계, 회사 동료 및 상사와의 관계 등. 가정, 직장, 사회에서 이런저런 관계를 맺으며 살아가야 하는 우리는 인간관계에서 가장 많이 스트레스를 받는다.

그중에서도 가까이 알고 지내는 사이일수록, 어느 정도 친밀감이 있다고 여겼던 사이일수록 갈등 해결이 어렵게만 느껴진다. 가족, 친한 친구, 애인처럼 심리적으로 가까운 관계는 쉽게 떼어놓을 수도 없고, 정리할 수도 없기 때문이다. 관계에 갈등이 생겨도 무작정 외면할 수가 없다. 다른 사람들보다 더 자주 얼굴을 봐야 하고, 무언가를 함께해야 하기에 애착이 두터운 관계에서의 문제는 우리 삶에 치명적인 영향을 미칠 수 있다.

관계에서 일어나는 갈등의 원인은 굉장히 다양하다. 상대방이 날 무시하는 것 같아서, 존중해주지 않는 것 같아서, 열등감을 자극해서, 상대의 말투가 곱지 않아서, 비난을 받아서…… 끝도 없이 많은 이유가 나열된다. 그만큼 별의별 일이 다 벌어진다. 특히 상담실에서 자주 목격하는 것은 의사소통이 잘되지 않아서 벌어지는 많은 갈등과 오해들이다.

관계에서 의사소통은 매우 중요한 핵심이다. 많은 사람이 관계에서 틀어지는 경험을 할 때, 상대방의 성격이나 성향, 태도를 문제시한다. 이때 말하는 성향과 태도는 대부분 의사소통 과정에서 드러나는 것들이다. 그렇기에 조금 고집스러운 성격이 있다 하더라도, 조금 소극적인 성격을 지녔다 할지라도, 조금 민감한 성격의 소유자라 하더라도, 본인의 의사소통 방식을 점검하고 변화를 주면 갈등 상황을 줄이는 데 큰 도움이 된다.

잠시 아래의 대화를 살펴보자.

A: 우리 뭐 먹을까?

B: 글쎄, 아무거나.

A: 파스타 먹을까? 자장면도 당기는데…… 뭐 먹지?

B: 난 상관없어. 다 괜찮아.

A: 그래? 칼칼한 짬뽕도 맛있겠다.

B: 얼큰한 칼국수도 맛있겠네.

A: 그러게 칼국수도 맛있겠다. 오늘은 칼국수 집을 가볼까? (잠시 길을 걷다가) 아 참, 우리 한식 먹은 지 오래됐는데. 한식 먹을까? 저기 한정식집 있는데 괜찮아 보이네.

B: 뭐 상관은 없어.

A: 가볼까?

B: 그래.

며칠 후 A와 B는 사소한 일로 다투게 되었다.

B: 너는 매일 너 하고 싶은 대로만 하잖아. 어차피 내가 얘기해도 너 하고 싶은 대로 할 거면서.

A: 내가 언제 그랬어. 내가 혼자 내 멋대로 한 게 또 뭐야.

B: 얼마 전에도 내가 칼국수 먹자고 했는데. 어떻게 했는지 생각해봐. 결국 너 먹고 싶은 대로 한정식 먹었잖아.

A: 너도 딱히 뭐 먹고 싶다고 한 거 없잖아. 칼국수 맛있겠다고 했지, 언제 그거 먹자고 했어? 네가 먹자고 했으면 나도 그거 먹었지!

A와 B는 친한 친구이자 룸메이트이다. 식사하러 갈 모양인데 어떤 메뉴를 고르는 게 좋을지 이야기했다. 며칠 후 A가 늘 자기 멋대로 한다면서 B는 화가 나서 둘은 결국 싸우게 되었다.

이 둘의 대화에서 무엇이 문제였을까?

이들의 문제를 자세히 들여다보면 문제는 비단 식사 메뉴를 정하는 데 한정되어 있지 않다. 무언가를 선택하고, 자기가 원하는 것을 말하고 듣는 과정에서 이 두 사람은 소소한 갈등을 겪어왔다는 것을 대화에서 짐작할 수 있다. 그러다 보니, 메뉴 선정이라는 사소한 문제에서 서로를 존중하지 않는다는 근본적인 문제로 곧바로 갈등이 번져나가는 것을 알 수 있다. 대개 가까운 관계일수록 사소한 상황이 과거의 상처를 자극하고, 이로써 갑작스럽게 큰 싸움으로 번지는 경우가 있다. 과거에 해결하지 못했던 마음의 상처가 언제든 준비만 되면 되살아날 채비를 하고 있었던 것처럼 고개를 치켜드는 꼴이다. 총알이 장전된 총이 언제든 방아쇠가 당겨지길 바라는 것처럼.

메뉴를 정하는 과정에서 A는 자기가 원하는 것들, 선택지에 대해서 툭툭 이야기를 던진다. 아직 정해지지 않은 선택의 가능성을 열어두고 여러 메뉴를 얘기하고 있다. B는 처음에 아무거나 상관없다고 말하면서, 자신의 의사는 중요하지 않다는 점을 알린다. 상대방의 선택을 따라갈 것처럼. 그러다가 "얼큰한 칼국수가 맛있겠다"라고 언급한다. A도 칼국수가 맛있을 것 같다는 말에 동의한다.

여기에서 "맛있겠다"라고 말하는 것이 '먹겠다'라는 의사 표현을 한 것은 아니라는 점이다. 우리는 삶에서 좋아하는 것들을 무수히 접한다. '저거 멋있어 보인다, 이거 괜찮겠다, 저거 하고 싶다, 이거 먹고 싶다'. 하지만 결정은 엉뚱하게 다른 것으로 할 때가 많다.

괌에 놀러 가고 싶다고 늘 말해왔지만, 막상 여행경비며 시간을 따지다가 가까운 일본으로 여행지를 결정할 수 있다. 자장면이 먹고 싶다고 아침 내내 노래를 불렀지만, 막상 점심때가 되자 좀 더 든든하게 돈가스를 먹기로 결정할 수도 있다. "그것도 괜찮겠는데"라고 말하는 것과, "그걸로 하자", "그걸로 하는 게 좋겠어"라고 말하는 것은 다르다. 무언가를 하고 싶다, 하면 좋겠다 하는 말은 욕구를 말하는 것이지, 욕구의 언급이 항상 행동의 선택이나 결정이 될 순 없기 때문이다. "한 대 때리고 싶다"라는 분노 감정과 공격 욕구를 표현하는 말이 곧바로 '폭행'이라는 행동으로 연결될 수 없듯이 말이다. 욕구와 바람을 표현하는 것과 그것을 행동으로 옮기기를 결정하는 것은 매우 다른 일이다. 우리가 무언가를 느끼고 필요로 한다고 해서 욕구와 생각대로만 결정하고 행동으로 옮긴다면 우리 사회는 혼돈 그 자체가 될 것이다.

특히나 말하는 사람, 듣는 사람에 따라서 감정의 강도도 다르고, 대화하는 분위기나 행동의 경향성을 담고 있는 것도 다르기 때문에 듣는 사람으로서는 '행동의 의도'가 달리 해석될 수 있다.

A의 말에서도 약간의 조급함이 보인다. 평소 B가 자신보다 타인을 배려해서 말하는 것을 선호하는 경향이 강하다는 걸 잘 파악하고 있다면 그런 면을 좀 더 배려해줄 수 있었을 것이다. "칼국수가 먹고 싶다는 거야?" 하고 한 번 더 분명한 의지를 확인해볼 수도 있었다. 물론 이런 배려가 늘 순간순간 이루어지지 않을 수 있다는 점을 B도 기억해야 한다.

중요한 점은 명확히 의사 '전달'이 되고 있는지, 상대에게 내 의사와 마음이 '도달'했는지를 한 박자 쉬어가면서 확인하는 것이다. A와 B가 '전달-도달'의 관점에서 서로의 의사를 좀 더 여유 있게 확인했다면 어땠을까? 잘 알고 지낸다고 서로의 마음마저 다 안다고 착각하는 순간 우리는 전달한 내용이 내가 전달하려는 의도 그대로 상대방에게 도달되었을 거로 생각한다. 실제로 척하면 착이라고 죽이 잘 맞고 서로의 마음을 속속들이 잘 아는 관계도 있다. 하지만 많은 경우 친밀하면서도 서로의 속내를 잘 모르는 예는 허다하다.

서로의 말이 의도한 대로 상대방에게 잘 가닿았는지, 나에게 도달된 의미가 이것이 맞는지를 물어보는 것만으로도 의사소통에서 빚어지는 갈등을 상당수 줄일 수 있다. 게다가 이렇게 나의 의사가 잘 전달되었는지, 내가 이해한 상대방의 말이 이런 의미였는지 점검해가는 과정 자체도 큰 의미가 있다. 그 과정 자체가 상대를 존중하고 있다는 걸 은연중에 전달하기 때문이다. 만일 척하면 착하고 맞받아지는 관계라고 생각해왔는데 자꾸 무언가가 어긋난다면, 먼저 상대방에게 물어보자. 내 말이 잘 도달했는지, 상대의 말이 나에게 잘 전달되었는지를 말이다.

목소리를 조금 바꿨을 뿐인데

심리학자 앨버트 메라비언Albert Mehrabian은 1970년대 초반 《사일런트 메시지Silent Message》를 통해 의사소통에 관한 연구를 발표했다. 우리에게 '메라비언의 법칙'으로 잘 알려진 내용이다. 우리가 감정적인 맥락에서 메시지를 전달할 때 실제 어떤 말(단어)을 했느냐보다 어떤 표정, 몸짓, 눈빛, 목소리로 했느냐가 의미 전달에 더 중요하다는 것이 메라비언 법칙의 핵심이다. 한마디로 우리가 언어적 요소보다는 비언어적 요소에 더 많은 의미를 두고 신뢰한다는 뜻이다.

메라비언은 특히 말의 내용과 태도가 불일치하게 나타날 때 사람들이 어떤 점에 더 주목하고 의미를 두는지를 알아보았다. 그의 연구에 따르면, 단어, 즉 내용contents이 전체 의미 전달에 기여하는 비율은 약 7퍼센트 정도에 불과하다. 반면에 목소리 톤, 속도, 강세 등 음성 특성이 전체 의미 전달에 기여하는 비율은 약 38퍼센트였다. 음성 요소를 제외한 몸짓, 표정, 눈빛과 같은 비언어적 요소는 55퍼센트의 기여분이 있는 것으로 나타났다.

물론 이 이론이 모든 의사소통에 똑같이 적용될 수는 없다. 인간관계의 의사소통은 매우 다양하고 복잡하며 상황이나 맥락에 따라서 음성적 특징과 비언어적 요소의 중요도는 다를 수 있다. 예를 들어, 법률적인 내용을 다루고 있다면 눈빛, 억양 같은 요소보다 법률 용어 하나하나에 집중해야 하며, 그 내용과 용어 자체가 중요하다. 과학 세미나에서도 발표자의 억양이나 눈빛보다는 발표 내용에서 사용된 과학 용어와 단어의 선택이 내용을 신뢰하는 데 더 큰 의미가 있다.

그렇다면 친구들과의 대화, 부부간의 대화와 같이 감정적인 대화에서는 어떨까? 메라비언의 법칙은 특히 사람들이 상대에 대한 감정, 호감도, 첫인상을 판단할 때 우리에게 시사하는 바가 크다. 우리는 말하는 내용과는 조금 다른 표정이나 말투를 사용하여 상대에게 혼선의 메시지를 주는 경우가 종종 있다. 이렇게 혼선의 메시지가 입력될 때는 상대가 하는 이야기의 내용보다는 음성이나 시각 요소에 더 영향을 받는다는 말이다.

아주 쉬운 예를 들어보자. 가깝게 지내던 친구가 오랜만에 만나서 "난 괜찮아. 잘 지내"라고 말하면서 목소리가 떨리고, 눈 밑이 붉어지고, 호흡이 가빠지는 것을 관찰했다면, 친구의 괜찮다는 말을 곧이곧대로 믿을 수 있을까? 오히려 친구의 떨리는 목소리, 눈가와 호흡의 변화가 진실을 말해준다고 할 수 있다. 즉, 친구의 음성적 특성과 비언어적 메시지가 더 신뢰할 만한 정보라고 인식해 친구가 괜찮지 않다고 판단하는 것이 적절하다. 이렇듯 메시지와 음성이나 시각 요소가 불일치하면 혼란을 일으킨다.

감정을 전달할 때는 목소리 톤, 억양, 눈빛, 몸짓, 표정과 같은 비언어적 요소가 특히 중요한 역할을 한다. 대인관계에서 우리는 감정을 배제하고 대화하기 어렵다. 특히 친구, 연인, 가족 같은 관계에서는 더욱 감정적인 대화를 빈번히 한다. 그래서 자주 감정적인 전달에 혼란을 경험하기도 한다. 나는 분명히 A라고 전달했는데, 상대방은 B라고 믿고 있을 수가 있다. 혹은 A라고 듣긴 했으나, 그 의미를 B라고 생각할 때도 있다.

이럴 때는 상대방이 전달한 감정적인 메시지를 무엇에 근거하여 들었는가를 되짚어봐야 한다. 상대방의 시선에 근거해서 들었는지, 말의 빠르기를 통해 해석했는지, 억양에 실린 감정에 근거해 판단했는지 등. 상대방이 어떤 태도로 말했는지에 따라서 내가 듣는 방식도 매우 다를 수 있다. 말 자체에 집중할 것인가, 태도에 집중할 것인가. 우리의 마음은 사실상 태도에 더 집중하고 있지만, 말 자체에 더 집중하려고 노력해야 할 때도 있다. 상대방이 내가 좋아하지 않는 목소리 톤과 강세로 말하고 있더라도 그 내용 자체가 무엇인지, 내용의 핵심이 무엇인지를 따라가며 들어야 할 때가 있다.

그러나 때로는 말보다 태도를 읽어야 할 때도 있다. 예를 들어, 어머니가 사용하는 반어법이 그런 예시 중 하나이다. 아이가 밥을 안 먹어서 화가 난 엄마가 "그럴 거면 나가!"라고 말할 때 대개는 '너무 화가 난다. 정말 이 상황이 끔찍하다'라는 의미이지만, 어떤 아이는 정말로 '집을 나가라'는 말로 들을 수 있다. 집을 나간 아이를 바라보며 더욱 화를 내는 엄마를 보면 알 수 있다. "나가란다고 정말 나가다니……" 하고 뒤늦게 후회하는 경우도 있으니, 참으로 헷갈린다.

이럴 때 가장 좋은 의사소통은 상대방을 통해 확인해보는 것이다. 감정적으로 차분해졌을 때 상대방에게 물어본다. "내가 듣기에는 ~하게 들리는데, 내가 들은 게 맞나요?" 말하는 사람은 감정적 태도 때문에 말의 내용에 오해가 생기지 않도록 마음을 진정한 뒤 말할 필요가 있다. 우리는 말하는 사람의 태도로 말의 내용을 받아들이는 경향이 강하기 때문이다. 이성적인 성향이 매우 강한 사람들은 감정적인 대화 상황을 잘 만들지 않으려고 하기 때문에, 전달하려는 내용에 더 의미를 두고 신경을 쓴다. 반면에 감정적인 성향이 강한 사람들은 내용 자체보다 말을 하는 분위기에 더 신경을 쓴다. MBTI(성격유형 검사)의 T(사고)형과 F(감정)형의 차이와 비슷하다.

어쨌든 감정적인 무언가를 교류하는 상황이거나, 그런 관계에 놓인 사람이라면, 메라비언의 법칙을 한번 떠올려보면 좋겠다. 나로부터 어떠한 비언어적 메시지가 전달되고 있는지, 상대방은 내가 전달하는 것을 투명하게 받아들이고 있는지를 말이다. 목소리 톤, 세기, 표정, 몸짓, 눈빛만 달리해도 우리는 많은 것을 원래 의도했던 대로 전달하는 데 성공할 수 있다.

거울을 보며 연습해보자. 가족에게 평소 말하던 습관대로 거울을 보며 그대로 말해본다. 말하면서 자신의 눈빛, 입의 움직임, 전체적인 표정, 몸짓 등을 살펴본다. 음색은 어떤지, 빠르게 말하는지, 천천히 말하는지, 목소리 톤은 어떤지를 확인해본다. 그 모습에서 어떤 느낌을 받는지도 함께 느끼고 잠시 그대로 있어본다. 그 느낌이 편안한지, 여유로운지, 날카로운지, 공격적인지를 그대로 관찰해보자.

부정적인 느낌이 더 많이 든다면, 얼굴 표정을 바꿔본다. 입꼬리를 올리거나, 눈을 동글게 만들어보거나, 조금 더 천천히 말해본다. 그럴 때 또 어떻게 느껴지는지도 살펴본다. 좋은 느낌이 들 때까지 한 가지씩 변화를 주어도 좋다. 자기 모습이 아닌 것 같다고 느껴질 수도 있다. 그렇더라도 연습해본다. 자신도 모르는 새 굳어진 표정이나 습관이 의도와 상관없이 혹은 의도와 달리 노출되고 있을지도 모른다. 나의 진짜 모습을 보여주는 것이 아닌 습관화된 모습을 보여주고 있지는 않는지 말이다. 나의 진짜 표정을 찾아보면 어떨까. 기쁘고 즐거울 때 그 마음과 일치되는 표정이 나타나는가. 슬프고 무기력할 때 그 마음과 일치되는 표정이 나타나는가. 그것도 그것대로 표정을 지어보고 머물러본다. 그 표정을 관찰하면서 어떤 느낌이 드는지도 그대로 느끼고 지나가게 둔다.

의사소통은 내가 준 만큼 되돌아온다. 대화도 그러하다. 내가 무엇을 주고 있고, 무엇을 받고 있는지 한번 살펴보면 내가 어떤 사람인지도 드러난다. 우리는 상대방의 생각과 마음을 알기 위해 소통을 하지만 거꾸로 내 마음도 알게 된다. 그 속에 있는 자기를 만날 수 있다. 내보내는 표현의 내용에만 집중했었다면, 이제 표현하고 있는 나도 마주해보면 어떨까.

타인의 마음을 제대로 읽기 위해서는
먼저 자신이 쓴 안경이
정말 투명한가를 살펴봐야 한다.

자기 사랑과 자기 연민을 하는 법

1. 눈을 감고 바른 자세로 앉거나 누워서 호흡을 정돈합니다. 깊고 편안하게 천천히 호흡합니다. 자신의 몸에 숨이 들어오고 나가는 것을 마음으로 관찰하면서 숨을 쉽니다. 억지로 크게 숨을 쉴 필요는 없습니다. 내 몸이 허락하는 만큼 편안하게 느끼는 선에서 천천히 숨을 들여보냈다가 내보냅니다. 호흡을 내쉴 때마다 몸은 한 단계 더 이완됩니다. 조금씩 더 편안하게 호흡으로 빠져듭니다. 편안한 자세와 편안한 호흡에 평온한 정신이 깃듭니다.

2. 내가 나를 얼마나, 어디까지 사랑할 수 있는지 말로 표현해줍니다. 소리 내어 말해도 좋고, 쑥스럽다면 마음속으로 이야기해도 괜찮습니다. 다만 내가 나 자신에게 들려주는 이 이야기에 진심으로 귀를 기울이고, 한 마디 한 마디를 소중하게 새기겠다는 마음으로 받아들이세요. 나 자신에게 사

랑과 연민을 전달할 때 주의할 점은 의심을 하지 않는 것입니다. '이걸 한다고 뭐가 도움이 되겠어?', '너무 억지로 하는 거 아니야?' 하는 등의 의문을 한가득 안고 있다면, 그 의문에 다시 물음을 던져보면 어떨까요? '도움이 안 될 이유가 확실히 있는가? 내가 나를 사랑하는 마음이 단 1퍼센트도 정말 없는 것이 확실한가?' 하고 말이에요. 의심하지 않고, 있는 그대로 내 음성에만 귀를 기울이며 사랑을 온몸과 온 마음으로 받아들이겠다고 말해보세요.

3. 잠시 양손을 가슴 앞에 합장하고 모아서 빠르게 손을 비벼서 양손 안에 따뜻한 느낌을 충분히 만들어봅니다. 따뜻해진 손을 가슴으로 가져가 자신의 가슴에 따뜻한 온기를 전달해주세요. 따뜻한 손이 내 가슴을 돌본다는 마음으로 가슴을 가볍게 쓰다듬어봅니다. 한 번 더 양손을 비벼 이번에는 따뜻해진 두 손을 얼굴에 가져가서 얼굴을 쓰다듬어봅니다. 따스한 손이 내 얼굴을 부드럽게 쓰다듬으며 나를 돌봐

줍니다. 따스함이 내 몸과 마음에 스며드는 느낌에 집중하면서 두 번 정도 더 시도해보세요.

4. 편안한 호흡을 계속 유지하면서 이제부터 다음의 말을 소리 내어 읽거나 마음속으로 읽으면서 내면 깊숙이 전달해보세요. 서두르지 않고, 천천히 꾹꾹 눌러 담는다는 마음으로 내면에 사랑과 연민을 전달합니다.

- "나는 나를 깊이 사랑해. 나의 고통과 나의 부족함과 나의 못난 부분까지도 모두 깊이 사랑해. 나는 그동안 많은 실수와 실패와 아픔을 겪어왔지만, 그래도 나는 나를 깊이 사랑해."

- "내 안에 있는 사랑으로 내가 해왔던 잘못들을 용서해. 다른 사람들이 내게 어떻게 하든 상관없이 나는 나를 성장시키고 받아들일 거야. 남들이 내게 어떻게 해주든, 그런 것

과는 별개로 나는 나를 사랑하고, 나 자신은 스스로 성장할 수 있어. 이미 나는 성장하고 있어. 나는 나의 변화와 성장을 마음 깊이 느끼고 받아들여."

• "나는 정말로 나를 깊이 사랑해. 내 안은 깊은 사랑으로 가득 차 있어. 다만 그 사랑을 발견하기만 하면 돼. 나는 기필코 내 안의 깊고 충만한 사랑을 발견하고 만날 거야. 이미 나는 내 안의 사랑과 만나고 있어."

• "내 안의 사랑은 내 온몸 구석구석을 사랑해. 그리고 나의 정신을 사랑해. 때론 흔들리고 때론 넘어지지만 그런 나의 인간적인 모습을 더욱 사랑해."

• "내 안의 사랑이 나에게서 넘쳐흘러 내 모든 것을 적시고, 나에게서 흘러나온 사랑이 내 주변 사람들에게도 진해질 거야. 내 가족, 내 친구들, 내가 모르던 사람들에게도 내 사

랑이 전해질 거야."

- "이 세상에서 나를 가장 많이, 크게, 깊이 사랑할 수 있는 것
은 나 자신이야. 나만이 온전히 깊이 충만하게 나 자신을
사랑할 수 있어. 내가 그렇게 나를 사랑해."

- "나는 나를 끝없이 사랑해. 내 사랑은 가늠할 수 없을 만큼
무궁무진해. 나의 사랑은 결코 바닥을 보이지 않아. 나는
나를 끝없는 사랑으로 만나고 깊이 사랑할 거야. 나는 나를
언제나 영원히 사랑해."

편안한 호흡을 유지하면서, 사랑과 연민의 마음챙김을 세
번 반복합니다. 하루에 한 번 이 사랑을 실천해보길 바랍니다.
사랑을 실천하는 데는 돈이 들지 않습니다. 시간도 많이 들지
않습니다. 사랑을 받아들이겠다는 그 마음으로 하루를 시작해
보면 어떨까요.

자신만의 사랑 전달 표현을 만들어도 좋습니다. 위의 예시를 자신의 스타일로 변형해서 사용하면 더 좋습니다. 자기 자신에게 친숙한 언어로, 더 부드럽거나 강렬한 표현으로 말해주어도 좋습니다. 나 자신을 따스함으로 돌볼 수 있는 표현이라면 그 무엇이든 새롭게 활용할 때 더욱 효과가 있습니다.

　　나 자신에게 사랑을 전하는 표현을 만들어보세요.

_____

_____

_____

_____

_____

마음의 평온을 되찾다

고난, 역경이라 부를 만한 인생의 어둠 하나쯤은 누구에게나 있을 것이다. 나 또한 그랬다. 이 책은 고통의 시간을 한참 보내다 어두운 터널의 반절쯤 지나온 것 같은 느낌이 들기 시작할 때부터 쓰기 시작했다. 아직 남아 있는 나머지 반절의 어둠을 끝내야 하는 나 자신을 위해 그리고 내가 만나는 사람들의 아픔을 생각하며 이 책을 썼다. 어떤 날은 글을 쓰면서 치유 받았고, 어떤 날은 글 속에서 아픈 나를 다시 만나는 것 같아 더 고통스러운 적도 있었다. 맺는 말을 쓰는 지금은 한결 마음이 편안하다.

처음 출간에 대한 희망을 안고 출판사 여러 곳에 투고하면서 내가 쓴 글이 누군가의 마음을 어루만지고 위로할 수 있을지 의문이 들었다. 글은 썼지만 출간을 하지 말까 하는 마음도 들었다. 글을 쓰면서 내가 위로를 받았으니 그걸로 충분하다고 생각했다. 하지만 한편으로는 제대로 매듭짓고도 싶었다. 나 혼자 자위하는 작업이 아닌, 그 누군가 몇몇 사람에게라도 도움이 되지 않을까 하는 기대도 있었다. 그러던 중 다른상상에서 출간 제안을 받아 이 책을 마무리하는 지금, 참으로 감사하다. 이 글을 접하는 누군가에게 감정조절이 필요한 순간에 어떤 실마리를 제공해줄 수 있다면 의미 있는 일이라 생각한다.

살면서 여러 크고 작은 고통과 어려움이 있었지만, 나를 가장 깊이 끌어내린 것은 내가 사랑하는 사람들과의 관계에서 느낀 좌절감, 배신감, 상실감 같은 것이었다. 몇 년간 겪은 오해와 배신의 경험으로 고통받으면서 나는 내가 어디까지 내동댕이쳐지고 바닥으로 떨어질 수 있는지를 체험했다. 나의 고통과 아픔을 남들과 비교할 수는 없다. 누군가는 훨씬 더 큰 고통과 오랜 아픔으로 살아 숨쉬는 것만도 대단하다 싶을 만한 일을 겪었을 수도 있고, 누군가는 남들에 비해 사소해 보이는 이유로 오랫동안 자리에서 일어나지 못할 수도 있다. 고통을 비교할 필요가 없다. 고통은 애초에 지극히 주관적인 것이다.

아무리 작은 일이라도 속살을 파고들어 상처가 만들어지기 시작하면, 그때부터는 주변에 있던 건강한 마음에도 조금씩 상처가 좀먹듯이 퍼진다. 그렇게 사소한 일에서 시작된 일들이 제대로 소화되지 못하고, 해결되지도 못한 상태로 시간이 흐르다 보면 마음에 깊은 상처로 남는다.

나도 한동안 그러했다. 지나간 과거의 일로 나는 계속 내 살점을 파고들어 갔다. 그렇게 3~4년 넘는 세월이 흘렀다. 아직 다 아물지 못한 상처가 곳곳에 있지만, 이제는 내 힘으로 그 상처를 감싸고 밖으로 나설 수 있을 것 같다. 이 책을 쓰는 동안 나에게는 그런 마음의 힘이 단련되었다. 거기에는 여러 번의 상담을 통해 나를 일으켜준 훌륭한 상담사 선생님들과 가까운 지인 그리고 사랑하는 사람들이 있었다.

나를 만나러 오는 사람들은 나보다 더 용기 있는 사람들이다. 내가 하지 못했던 것들을 경험했고 그들을 통해서 나도 인생의 경험을 더 깊이 음미할 수 있었다. 고통스러운 일에는 그것대로, 기쁜 일에는 또 그것대로 삶에 모두 필요하고, 피할 수 없는 일이라는 것을 새삼 알아간다. 이 책에 등장하는 다양한 사례는 나 자신의 경험과 내담자들의 경험을 모티브로 하여 새롭게 창작된 이야기들이다. 누구나 한 번쯤 겪어봤을 법한 일들이다.

책을 마무리하는 요즘, 근래 잘 누리지 못했던 편안함을 종종 누린다. 이런 편안함이 참 좋다. 창밖에서는 차들의 굉음 소리가 들려오고 사무실에서는 안락하고 친근한 재즈 음악이 흐른다. 두 소리는 서로 너무도 다른 느낌이지만 나는 이 두 소리를 한자리에서 모두 듣는다. 우리의 삶은 이런 서로 상반되는 잡음 속에서 자아가 중심을 잡아가기를 요구한다. 빵빵거리는 다급하고 신경질적인 소리가 들리는 와중에도 아름다운 선율을 따라가려는 마음이 필요한 것 같다. 시끄러운 소음이 떠나지 않는 세상이라 하더라도, 나에게 힘을 주는 소리를 좇아갈 때 그나마 우리는 분노와 소외가 가득한 삶의 한가운데서 두 발을 딛고 서 있을 수 있다. 여러분도 그런 마음의 줄타기에서 때때로 평온함과 사랑을 느끼길 바란다.

어둠을 탐색할 용기가 있어야
우리가 가진 빛의 무한한 힘을 발견할 수 있다.

−브레네 브라운

감정조절이 필요한 순간

초판 발행   2024년 6월 3일

지은이   서정선
펴낸곳   다른상상
등록번호   제399-2018-000014호
전화   02)3661-5964
팩스   02)6008-5964
전자우편   darunsangsang@naver.com
ISBN   979-11-90312-54-7 03190

독자 여러분의 책에 관한 아이디어나 원고 투고를 설레는 마음으로 기다리고 있습니다.
이메일로 간단한 개요와 취지, 연락처를 보내주세요. 독자님과 함께하겠습니다.